小さな会社の経営を楽にする三法則

～経営の心・技・体がここにある～

大和一雄 著

カナリアコミュニケーションズ

はじめに

■本書刊行の理由

「どうすれば経営がうまくいくだろうか」「何を勉強するのが早道だろうか」「何とか経営の悩みから抜け出したい」…多くの経営者は厳しい環境の中で悩んでいます。経営者かもしくは経営幹部であるあなたは、「こうすれば経営は成功する」といった確かなものをお持ちでしょうか？

いま、大手の企業といえども、たった一日で世間の信用を失い、社員の明日の生活も危ういなどということが日常的に起こっています。そのあとはお決まりのいろんな指摘がなされて、「だから……になるのは当然だ、……すればよかったのに」で終わりです。批判自体も対症療法的なものが多く、ことの本質を見据えたものは少ないのです。「品質管理が悪かったから…」「ルールをきちんと守らなかったから…」といった具合です。

第三者であるあなたは、「自分のところはそうはならないし、またそんなことにはさせない」とお考えでしょう。でも本当にそうでしょうか。

本書はこれまで私が面談した700社以上の企業や社会福祉法人、更には第三セクターなど事業経営においての経営者や幹部と面談し、経営がうまくいっていない要因を抉り出してきました。抉り出してまとめたこれらの要因がいわゆる欠陥経営の基をつくっていることになります。そこで気付いたことは「これは成功要因ではないか」ということです。すなわち「ない」から欠陥となっていることは、これを「ある」に変えれば最大の欠陥要因をつぶすことになり、「成功要因」になる。すなわち成功するためには必ずこの要因を持っていなくてはならない、自信を持ってそう言えます。

筆者はこの「成功要因」を分かりやすく三つの法則にまとめました。この法則を理解し、実践することで経営はうんと楽になります。ただし、「棚からぼたもち」ということではなく、これらの法則を自分のものとして活用することで事態は大きく変わるのです。

いま経営に携わっている、もしくはこれから事業を起こす方にはぜひこのことを知っていただきたいというのが筆者の望みです。対象はすべての事業経営です。企業、社会福祉法人、医療法人、はたまたベンチャー企業やＮＰＯ法人であっても、事業経営に関わる方すべてがこのことを知って考えていただきたいと思います。

■経営者に多い「バランス感覚」の欠如

世に優れた経営者は多くいます。大変な才能や長所を備えた方が沢山いらっしゃいます。こんなことは当然ですが、ある意味では特別な長所を持っているがゆえに、経営に必須の要因について意識が薄いといったケースがよく見られます。

これこそがバランス感覚の有無の問題です。あなたの場合はいかがでしょうか？　以前に遭遇したことをお話しします。技術開発で優秀な企業の社長の講演を聞いたことがありました。この時はとても感銘を受けて帰ってきたのですが、数週間後には、この会社の倒産が報道されました。これは一体なんだというのが実感です。

一般に技術に強い会社はどうかすると財務感覚が欠如しているケースがあります。技術に自信があるので、「売れるはずだ」とか「お金はあとからついてくる」といった感覚です。この社長はまさか倒産するなど思ってもみなかったはずです。でなければ悠々と講演などできるものではありません。財務管理の体質に問題があったことは明白です。

■本書で取り上げる三つの法則とは

さて、経営のバランス感覚というのは財務の問題だけではありません。本書で取り上げる経営の支柱ともいうべき要因は三つあります。これを昔の中国で食物などを載せた鼎（かなえ）に例えます。鼎には三本の脚がついています。当然のことですが、どの脚が欠けても鼎は倒れてしまいます。

経営においての鼎の三本脚は一つが「企業理念」…企業でない場合は「基本理

念」あるいは「事業理念」です。二つ目は「市場対応力」、そして三つ目が「財務感覚」です。これを追求していてはたと思い当たったことがあります。それはスポーツの世界です。昔からスポーツの上達に必要なものは「心」「技」「体」だといわれてきました。スポーツは生き物である人間がやるわけですが、企業や法人、その他の事業体も生き物です。考えてみるとこの三つの脚はスポーツでいう「心」「技」「体」に全く一致しているではありませんか。生き物である経営もこの三つの要因のどれが欠けても立ち行かなくなります。そこでこれを分かりやすく三つの法則にまとめました。これらの法則はあなたの組織をこれまでになく強固なものにします。

仮にそんなものがなくてもやれているよ、というケースでは、傘や防寒着は持たないが、たまたまお天気がよくて、暖かだったというに過ぎません。悪天候で風雨が強くなったり、台風や寒波の襲来に逢えば一発で倒れるもろい体質なのです。現にこのことに気付かず、立ち行かなくなった事例は枚挙にいとまがありません。

時流に乗って成長し、もてはやされた企業ほど、失敗経験も少なく、危険度は大だといえます。歴史のある企業においても、いわゆるマンネリ化を阻止できず、創業の理念がいつの間にか忘れ去られ、一朝にして世間の信用を失うケースもあります。ことに最近では「利益優先」に走る会社の誤った行動が目立ちます。一度落ちた信用を回復するのは容易ではありません。逐一事例を挙げるまでもなく、これらのことは皆さんよく承知のことです。しかし、多くは自分と無関係のことと受け止めているところが危ないのです。

これから述べていきます三つの法則を十分吟味していただいて、健全な経営として発展されることをこころから望みます。

小さな会社の経営を楽にする三法則　目次

第5章　楽にする第三の法則「体その一」…財務感覚をつくる　127

第6章　楽にする第三の法則「体その二」…ムダを徹底して省く　163

最終章　すべては情熱が解決する！　185

序章

会社存続のための頼る経営からの脱却

一、あなたは何かに頼っていませんか

経営というものが思っていた以上に難しいと感じている経営者はとても多いと推察されます。現に、経営を前に進めるにあたってそこに立ちはだかる障害や解決すべき課題を抱えているのが殆んどの経営者であるのは間違いありません。筆者も経営コンサルタントとして資金の問題、人の問題、設備の問題、事業承継の問題他、ありとあらゆる課題の支援に忙しくしているのが実態です。

考えてみますと、そもそも経営というものは厳しいものなのです。人の場合もその人生を全うする過程は決して楽なものではありません。企業もまた社会における生き物であり、その存続と成長の過程は楽なものであるはずがありません。そうは言いながらも、その一方で成功している経営者には夢の実現にチャレンジすることでワクワク感を持って日々活動している人が多いのも事実です。

その人たちは経営とは人生そのものだと語り、目指している姿の実現、その過

程においての目標の達成を楽しんでいます。経営とは楽しいものだといっているのです。一時的に失敗した時も、それは成功への過程であり、最終的に成功することで本当の失敗とはいえないとして乗り切っています。私たちは願わくばこのようなあり方を手にし、日々張り切って楽しい経営を行いたいものです。そういった視点で中小企業の経営者の方たちを見てみると、多くの経営でそのような姿とはほど遠い現実が見えてきます。ではどういった点が異なっているのでしょうか。

一つには自分の経営に自信がなく、何かに頼る姿勢が強いことが挙げられます。自分を高めるための勉強は大いに勧められるべきですが、それとは違って何か楽に成功できるカギが見つからないか、いわゆるノウ・ハウ本を探し、いろんなテクニックやメソッドなど少しでも楽なやり方を得ようとしています。こんなのはまだよいとして、困るのは経営の根幹部分を自らつくり出したものでなく他に頼っているケースが多いのです。

例として挙げれば、特定の商品を扱っている場合、経営はその商品の「商品力」に頼っています。ある時点を境にその商品力が低下し、需要が減退すれば、経営も不振に向かうこととなります。特定の顧客や取引先に全面的に頼っているケースもあります。その場合はいうまでもないことですが、相手先の経営がおかしくなればその影響は免れようがありません。この他、政府の中小企業施策による補助金、助成金に頼る場合があります。これらの活用は場合によっては大きな力となるので大いに活用すべきではあります。しかし、自助努力の不足を補うためにこれらを探しまわり、資金の穴埋めにしたいという経営者もいます。

いま世界的に見て、わが国の創業率が低いということで政府は創業の助成を盛んに行っています。そこで創業補助金を得て創業したのはよいが、ほどなく行き詰まるケースのいかに多いことか。これでは税金のムダ使いという他ありません。永続的な雇用にはつながらないのです。肝心なのは創業者がいかに経営を軌道に乗せ、成長していけるかの視点でのフォローアップ助成です。創業者、起業者もまた確たる信念もなく創業しようという姿勢を改めなくてはなりません。

二、自立ということ

自立とは「他の助けや支配なしに自分一人の力だけで物事を行うこと」と解されます。簡単にいうと一人立ちということです。学校を出て就職すれば経済的な自立となります。ところが人間としての自立というと、これはとても幅が広いものだということはお分かりの通りです。本書で課題とする経営者としての自立となると、もっとその条件は厳しくなることに違いありません。なぜなら、経営者となれば周囲との関係性は大きな広がりを持つことになるからです。顧客をはじめ仕入れ先、運送業者などの取引先、従業員、株主などの出資者、商工会などの関係諸団体、行政機関、そして地域社会です。

このように多岐にわたる関係の生ずる中で、経営者はその事業における責任者としての自立が求められることとなります。しかし現実にはそういったことを意識しないまま創業するといったケースが大半だと推察されます。そうした場合にはいろんな局面で一貫した姿勢、方向性が確立されていないため、その場その場の対応に悩むことが多く、結果として場当たり的な対応に終始してしまうことになります。そういった状態を避けるためにも一旦裸になってわが身を振り返り、自立とは何かを考え、対策を取る必要があると思われます。それが頼る経営にならないための第一歩だといえるのではないでしょうか。

三、自己確立へなすべきこと…三観の確立

このように頼る経営から脱却するには自立した経営を目指さなくてはなりません。自立した経営とは他に頼るのではなく、自らの力であらゆる課題を克服してゆくことができるという姿を指しています。しかしそのような姿というものは単なる願望からは生まれません。ではどのようにすればよいのでしょうか。筆者は経営者である前にまず人としての生き方を明確にすることが先決だと考えています。

人としての生き方の確立について勉強できることがあります。それは「三観の確立」ということです。三観とは「仕事観」「組織観」「人生観」の三つをいいます。この三観を確立することで自分のあるべき姿をつくり上げるのです。そうして初めて人のよき信頼を得ることができ、仕事においてもよい成果を生み出すことができるとされています。そしてこの三観の確立は、従業員の育成においても組織人としての支柱づくりとして活用されているところです。

次にその内容の概略を述べて参考に供します。

三観の確立の一番目は「仕事観」です。

この仕事観は仕事とは何かについての「仕事観」と、今一つはその仕事の報酬とは何かという「報酬観」から構成されます。まず仕事観についてよく引き合いに出される逸話を挙げてみましょう。二人の石切工がいました。石切工A「この石を切るために悪戦苦闘しているのさ」と情けない顔で言いました。石切工B「私は多くの人の心の安らぎの場となる素晴らしい教会を造っているのです」と顔を輝かせて言いました。この両者の違いはお分かりでしょう。同じ業務でも単なる作業ではなく、より高い達成目標を探求し、価値ある魅力的な仕事にすることで取り組み姿勢が違ってきます。よい企業というのは、日々の仕事の彼方にその仕事を通じて実現するよき世の中を思い描き、仕事を通じて腕を磨き、人間を磨き、職場の仲間とともに働き甲斐を求めて歩む従業員が数多くいる会社ということになります。

「報酬観」は仕事の報酬とは何かということの捉え方です。一般には報酬とは表だって目に見えるもの、すなわち給料賞与（年収）や役職地位と考えるのが普通です。しかし報酬には目に見えない三つのものが存在するのです。①仕事における働き甲斐②職業人としての能力の伸長③人間としての成長…がこれにあたります。昔から日本には「仕事の報酬は仕事だ」ということばがありました。仕事を通じて「働き甲斐」を感じられることそれ自身が素晴らしい報酬だという文化が存在しているのです。

三観の確立の二番目は「組織観」です。これは組織とは何かに対する捉え方です。組織というのはもともと会社（カンパニー）というものができたその由来により説明がなされます。そこでは会社（カンパニー）の由来はコンパニオン（仲間）だとされます。アメリカ西部で金鉱が発見された時に、我も我もとそこを目指しましたが、その過程で一人でやるよりも同じこころざしをもった者が集まり力を合わせれば、早く成功できるということから同志が集まったわけです。金を見つけて大金持ちになりたいという目的の良否はここではさておき、同じ目的を実現するためにこころざしを同じくする者が集まったというのが会社のそもそもの成り立ちであるという説がありますが、これは納得できるところです。

このように見てくると、まず第一には組織には確たる目的があり、そこにはその目的に賛同し共感を覚える人が集まることが要件だといえるのです。加えて、いまの時代には、その組織の存在意義というものが強く問われるようになってきました。特に組織が何のために存在するのかという社会的な使命が明確であることが必要となってきたのです。単に利益追求が目的だという組織、利己的な組織が多く蹉跌していることは、社会に貢献することでその存在を喜ばれることなしには長い存在は許されないということを物語っています。

ここで改めて組織の社会的責任と四つの満足といわれるものを掲げておきます。

ES…エンプロイイー・サティスファクション＝従業員満足

CS…カスタマー・サティスファクション＝顧客満足

PS…パートナー・サティスファクション＝取引先満足

SS…ソサエティー・サティスファクション＝社会満足

これらについて高い関心を持ち、研究されることでより深い理解を得られるならば幸いです。

三観の確立の三番目は「人生観」です。人生観は皆さんがよくご存じのことですが、あえて述べることとします。人生観とは自分は人生をどのように生きるのか、人生において何を実現するのか、いわゆる自己実現目標も含めてその人の生き様を現すものといえます。事業を始め、経営者となる前にこの人生観が確立されていることが望まれるのです。経営者である前にひとであることは疑いのない事実であり、主体的に生きるには自らがこの人生観をつくるということが欠かせないこととなります。ひととしての生き方が前提にあって事業経営がなされることとなります。従って人生観の確立なしに事業を始めれば、それはまことに危ういものになると思われます。何故ならその人の生き方、あり方の曖昧さ、危うさというものがすべてに反映されることは疑いのないところだからです。

人生観は他から与えられるものではありませんが、それでも共感できる生き方というのは参考になると思われますので、その例を挙げることとします。「人生は自らが実現し、やり遂げたいことを掲げ、創造的な活動をする舞台だ」「人生は一度きりだ。前向きに明るく、楽しく、充実したものにしたい」「世のため人のために役立つことを目指したい」などです。なお関連して人生観に関わると思われる先哲の言葉で筆者が好きなものを掲げてみます。

・若くして学べば壮にして為すあり。壮にして学べば老いて衰えず。老いて学べば死して朽ちず。…佐藤一斎（幕末の儒学者）

・一日一日が勉強。一日一日知らないことを覚える。一日一日がこれ発見である。…松下幸之助

・人間、志を立てるのに遅すぎるということはない。…スタンリー・ボールドウィン（英政治家）
・念ずれば花開く。…坂村真民（詩人）

四、夢を実現する

頼る経営からの脱却は、まず自己確立が大事だということを述べてきました。端的に言えば、それはしっかりした人生観の確立ということになります。次にはこれに加えてもっともっと主体的な人生をつくるために必要だと考えられるものをお伝えします。それは「夢の実現」ということです。人というものは夢や強い願望を持つことによって日々の活動は輝きを増すこととなります。「是非とも○○を実現したい」「○○のレベルに到達したい」など多くの夢や目標を掲げることです。

次にはこの夢や願望を自分の意識に刷り込むことです。人の意識には「顕在意識」と「潜在意識」の二つがあり、中でも表には出ていなくてこころの深層ともいえる潜在意識の働きというものが、私たちの行動を大きく支配しているといわれます。そこで常に自分の夢や願望を唱えることでこれを潜在意識に刷り込みます。適当なカードに自分の夢や実現したいことを記入するのです。注意すべきことは、この夢が既に実現しているといった形で記載することだということ、たとへば「私は事業に成功し、いまハワイのワイキキビーチで心地よい風を肌に感じながら楽しい時間を過ごしている」「私は日本百名山の登頂に成功し、その達成の満足感に浸っている」などです。

これはアファメーション（自己宣言）といわれるものですが、これを忠実に実行したことで夢を実現できた人を少なからず目にしています。アファメーションを行うことは大きな効果が期待されますし､その結果特別に意識することなしに、知らず知らずのうちに成果につながる行動を取ることができているといったところでしょうか。興味のある方は更に研究されることを望みます。

五、皆の幸せをつくる

最後に考えていただきたいことは、これも人生観と深くつながることではありますが、自分のためにということから枠を広げて、皆のために、世界のために、人類のためにといった具合に、自分のみに捉われない社会的な視点で大きな夢を持つことができれば、あなたは益々何かに頼る経営から離れてゆき、独自性ある個性豊かな歩みができる、という風に考えます。これは後述の理念の設定に深く関わることですが、ここでは他に頼ることのない、自分自身の確立のために役立つものという観点で述べています。

事業経営において、あなたの事業が発展していけば従業員も増えていくことでしょう。大事なことは、この従業員の採用と育成についての基本的な考え方です。これは非常に重要なことです。だからこそ、これについては次章で掘り下げてゆきますが、ここでは二つの立場を示しますので考えていただきたいのです。

一つは従業員というのは自分の事業経営に必要な資金や商品と同じ一つの要素

であり道具であって、とにかくしっかり働いてもらうことが必要だ。だからそれなりの給料も設定している、といった考え方です。今一つは事業の推進には自分が目指している夢や目標の達成に賛同し、一緒になってやってくれる従業員が望ましいし、入ってくれたこの人たちは言ってみれば同志だ。自分と一緒になって目標の達成にチャレンジし、その仕事を通じて成長してほしい、という考え方です。

皆さんはどちらの考え方に立っていますか？「企業は人なり」といいますが、これからの時代は少なくとも従業員を道具と見るような考え方では経営は成り立っていかないということがはっきり言えます。世の中全般に自分中心の利己的な考え方というものは容認されないというにとどまらず、社会において役立つ、貢献するといった姿勢が見えないと評価されなくなってきています。中でも従業員は最も身近な存在ですので、これに対する思いは正しい方向性を見極めて設定していただきたいものです。

以上、頼る経営にならないための経営者としての自立の要件は、まず人としてどう生きるかの人生観の確立、次には夢と願望を明確に設定すること、そして自分を取り巻く周囲の人達と、どのような関係性をつくっていくかを考えるということになります。

第1章

楽にする第一の法則「心その一」
…理念の設定

一、「理念」ということ…理念の存在を考える

皆さんは「理念」というと何を想像されるでしょうか。いろんな見方があるでしょう。

理念という言葉は、広辞苑によると哲学の変遷に対応したいろんな説明のあと、俗な解釈として「事業・計画などの根底にある根本的な考え方」とあり、引用事例として「創業の―」とあります。

しかし、ここでは言葉の解釈を述べるのが目的ではありません。企業などの組織活動において理念の設定が果たす役割やそこから生み出すものをしっかりと考え、吟味することの大切さを感じていただきたいのです。

いま多くの企業や社会福祉法人、その他の活動組織において理念の重要性がこれまでになく意識されてきています。それは社会における人の心の変遷とも大きな関わりを持っているように思えます。リーマンショックにおける利益追求一辺

倒のやり方に対する批判がその典型でしょう。また東日本大震災、それに先立つ阪神・淡路大震災などの経験からの物質的な豊かさのはかなさ、いざとなった時の日本人のお互いが助け合い復興に汗を流す純粋な人のこころの存在など、私たちはかつてないこころの変遷を経験してきました。

もちろんこれまでにも牛肉や事故米の偽装事件など、利益のためならなんでもありといったやり方への批判と、企業活動における理念の欠如が指摘されてきたことはいうまでもありません。

社会の中における経済活動の主体である企業はもとより、医療の分野における医療法人や個人病院、また介護福祉に関わる社会福祉法人、授産施設など私たちの生活に関わるあらゆる組織、団体の存在価値が問われています。そして当然のことながら政治のあり方そのものもこれまで以上に関心が持たれています。

これからの時代、私たちは将来に向けてもまっとうな理念の確立とその実践が望まれていることを強く意識すべき時にきていると考えます。

二、素晴らしい理念の力…なんのために会社はあるのか

理念理念というけれど「理念では飯は食えない、資金のほうが大事だ」とか、中には「いま世間がうるさいので、一応恰好をつけるために理念のかたちだけは整えている」といった経営者を実際に知っています。一部の企業や団体を除いてまだまだ理念の本当の力が理解されているとはいえません。

では、理念の本当の価値はどこにあるのでしょうか。筆者の考えではそれはひとことでいうなら「生きざま」です。組織や法人が何を目指してどのように生きていくのか、将来どんな姿を実現したいのか、を表すものが理念です。ですから理念が明確でなくあやふやな企業や社会福祉法人その他の組織は、羅針盤をもたない船のような存在となり、波のまにまに漂うしかありません。

いま「理念経営」という言葉が広がりつつあります。その意味するところは「理念」こそが経営の要であり、理念を設定してこれを日常業務の中で実践に移して

いくことが大事だ、そうして初めて強い経営基盤ができ将来にわたる成長が可能になる、ということです。東日本大震災を契機としていまひとの生き方のみならず企業の生き方も改めて問われるようになってきました。そういう世の中に変わりつつあることを強く感じます。

三、理念こそがすべてを決める

理念は企業が目指し、実現していく姿を現すものであるから当然のことですが企業の根幹をかたちづくることになります。日本電産は「面白おかしく」という理念を掲げていますが、そうなると自由闊達に創意工夫を活かしてよいものを生み出していこうという考え方になります。経営方針や組織編成にもこの基本理念が働きます。理念の一つに「従業員の幸せづくり人づくりをする」を掲げる広島県の食品スーパー（株）ハローズでは、社員の育成、成長に焦点を当て、人事制度の改革とともに、マンツーマンで後進を育成する「個別トレーナー制度」の活用で人を育て、成長路線に乗っています。このように理念が経営のあらゆる面に働きます。

企業や組織を構成する社員や職員は、単に生活のための報酬を得るために働いているのでないことは明らかです。特に自分の成長や生きがいに強い関心を持っている、いわば有能な人材ほど、このことが言えます。自分の属する会社がどのように社会に貢献していくのか、自分の目指しているものと会社の目指しているものに共感できるものがあるのかがその人の生きがいにもつながってきます。

定着率の悪い会社や介護施設ではこの理念が明確に設定されていないか、もしくは理念があったとしても形式的なものに止まっています。理念と業務との関連が殆んど見られないといった場合、その事業所の構成員はある種の空しさの中で仕事をしているという実態を直視する必要があります。人は自分の仕事が他に対して役立ち喜ばれる、そういう環境の中でこそ、より持てる力を発揮するようになることは明らかです。

経営の進展に紆余曲折はつきものですが、困難に直面した時に立ち返って現状を見つめ、次のステップを踏む場合に企業理念は大きな働きをします。経営はややもすると企業理念から逸脱して進むことがしばしばあります。その場合理念の意味解釈の誤りによって固定観念に捉われ、道を誤ることも生じます。パナソニック（旧松下電器）もあの松下幸之助の打ち立てた経営方式としての事業部制に長い間こだわり、時代の流れに遅れるといったことがありました。幸之助は「常に世の中の変化には対応してゆかなくてはならない」と言っているにもかかわらず、形に捉われているとおかしなことになります。困難に直面した時には原点に立ち返って理念に沿った生き方をしているかどうか検証する必要があります。このように見てきますと、理念の構築は経営にとって欠くことのできない重要な意味を持っているということがいえるのです。

ここで一つの事例として日本航空の再建について述べたいと思います。日本航空は２００９年に会社更生法の適用を申請、いわゆる倒産となりました。政府は京セラの稲盛和夫氏に要請、日本航空の再建を託しました。稲盛氏は代表取締役会長として再建にあたり、倒産当時マイナス１３００億円まで落ち込んだ営業利益を2012年には約2000億円にまで回復させ、いわゆるV字回復を果たすという快挙を成し遂げたことで、一層その名声を高められたことはご存じの通りです。

では、なぜそのようなことが僅か二年で実現したのでしょうか。筆者も当初は民間の優れた経営者の手腕に期待しながらも、現実にどこまで改革ができるのか、不安も入り混じった気持ちで見ていたことを思い出します。しかし、あとで稲盛氏の取り組みの経過、内容を知るにつけ、稲盛氏がいかに経営の真のあり方を実践されたかがよく理解でき、ストンと腑に落ちたという思いでした。

この成功要因はいろいろあるわけですが、大きくは二つに集約できると考えています。一つは「企業理念」の設定とその浸透、二つにはアメーバ経営に象徴される「部門別、部署別採算管理」です。ここで設定された日本航空の企業理念を見てみましょう。

■日本航空の企業理念

ＪＡＬグループは、全社員の物心両面の幸福を追求し、
一、お客様に最高のサービスを提供します。
一、企業価値を高め、社会の進歩発展に貢献します。

この企業理念がそれまでの社員のあり方を変えました。冒頭に掲げられている社員の幸福を追求しというのは、社員が人生や仕事に幸せを感じてはじめて心からのサービスの提供が可能になる。また自分の働きが会社の業績をつくるのであり、幸せは自分たちの手で実現するのだという意識の変革をもたらしたのです。

日本航空の社員は個々の資質、能力が高いということは誰しも認めるところですが、この理念が理解され、浸透するまでは、会社の業績が思わしくないのは自分の所為ではない、社長がわるい、制度がわるい、国がわるいなどなどいわゆる当事者意識が希薄であったといわれます。それを根底から変えたものが企業理念なのです。稲盛会長はこの理念の意義を多くのミーティングなどを通じて説かれ、懸命にその浸透に努められました。その結果社員の意識は変わってゆき、自分た

ちの幸せは自分たちの取り組む仕事を通じて実現するのだという強くて積極的なものになっていったのです。

この事例を見ても、いかに企業理念が経営の基盤をつくるものであるかが分かります。理念の浸透と意識改革により、社員自らが積極的に業務改善に努めた結果が業績の飛躍的な回復をもたらしたといえるのです。このことを十分理解されるならば、企業理念というテーマは卒業といっても過言ではありません。

四、人に対する理念が人の働きを決める

いま人手不足の企業や社会福祉法人が結構存在します。ある老舗の寿司店（有限会社）の社長からの相談です。寿司職人が高齢化しており、今後を考えて若い人を採用した。しかしどうしても定着しない。採用してもすぐにやめてしまう。どうしたらよいかというものです。そこでまず企業理念、すなわちお店が将来どんな姿を実現したいのか、何を目指しているのか、人の育成についてどんな方針

で臨んでいるのかなどなどを尋ねました。

企業理念の設定はされていませんが、人に対しては、一人前に育った時は将来のれん分けなどの方法も考え独立させたいとの思いを持たれていることが分かりました。ただ、そのような考えを採用した若い人に伝えることはしていなかったということです。

人の採用で考えなくてはならないことは、どんな企業や組織でもそうですが、その組織が何を目指しており、それが個々の社員や職員の仕事とどうつながっているかを明確に伝えることです。自分の人生に責任を持っている若い人、やりがいを求めている人ほどこのことに関心が強いといえます。給与や労働条件が採用の第一の要素ではないのです。

そこで、この寿司店においても企業理念と行動指針を設定し、その指針の中で人の育成を支援する職人のあり方を定めました。またマンネリ化していてミスが多い職場の意識の改革を合わせて行うことで、お客さんの信頼を高めていく努力を定着化させせました。

社会福祉の世界、特に介護の業界においては人がなかなか採用できない、採用してもすぐにやめてしまい定着化が難しいというのが通例となっています。確かに、給与水準や労働条件といった面で見ると他の業界とは格差があることはうなずけます。しかし、人が集まらないのはそういった条件面だけが理由でしょうか。

定着率の高い介護施設などの事業所を見てみますと、条件面では他とあまり違わないにもかかわらず、職員が生き生きと働いています。そういった事業所では自分が何のために仕事をしているのかが明確になっています。つまり事業所の基本理念や行動指針が設定され、それが末端まで浸透しており、介護の利用者が幸せであることが自分の幸せでもあるといった思いが強く根づいています。

そうしてみますとまずは法人なり事業所が何のために存在しているのか、その独自の存在価値が基本理念として示され、そこで働く自分がその中でどんな役割を果たすことになるのかを明確に認識し、仕事に喜びや充足感を覚える…そういった職場をつくっていくことが大切な要件だということが分かります。人が集まらないのは、まだまだやるべきことをやっていないということを示していることに他なりません。是非、理念の設定あるいは理念の再構築を検討し、応募者から支持され共感を持たれる姿を追求してほしいと思います。

五、理念の浸透が組織の活性度を決める…理念の働きは実証された

理念の組織への浸透の度合いが社員のパフォーマンスにどのように影響しているかというテーマで京都大学が調査を行い、その結果が日経ビジネスで紹介されました。それによりますと、理念の浸透度を「共感」の段階（レベル1）、「認識」の段階（レベル2）、「実践」の段階（レベル3）とした場合、レベルが高いほど社員のパフォーマンスは高くなっている。レベル1では「人を活かす風土」、レベル2では「進んで挑戦する」、レベル3では「仕事に充足感を得る」というように、浸透度が高いほど職場が活性化しており、強い会社となっていることが示されています。

これまで理念の論議は抽象的であることを逃れられない面がありましたが、こ

の調査研究は実際の企業の多くの社員を対象に行われたことから、理念の意義や働きが現実に実証されたものとなりました。

「企業は人なり」といわれますが、企業理念はその「人」に対して社員がどのような人材であってほしいのか、どんな方向へ成長していってもらいたいのかを明示することが望ましいと考えます。いま企業力＝人材力といわれるほど「人」の育成は重要課題となっています。この人材育成について企業が明確な理念を持ち、人事理念をベースとする人事方針、更には人事・労務戦略の策定・実践へとその理念を具体的なものにしていくことが望まれています。

特に組織にとっての重要課題である人材育成は理念→人事理念→人事方針→人事戦略→人事制度→人事考課制度→人材育成計画といった具合につながっていきます。そう考えますと、理念の重要性というのは観念の上のものではなく、組織の力を高めるための原動力であり、具体的な人事施策の前提となることを理解していただきたいと思います。また理念はこのような流れを通じて従業員の成長に大きく関わっているといえるのです。

ここで、企業理念に表わされた人に対する理念の事例を挙げておきます。

・生き方の成長を真剣に助け合う企業をつくる。

・個性を発揮して活躍できる人材を育成する。

・一人一人の可能性をどこまでも信じて応援する。

・人材活躍の舞台となる。

■理念と強さは比例する（京都大学調査）

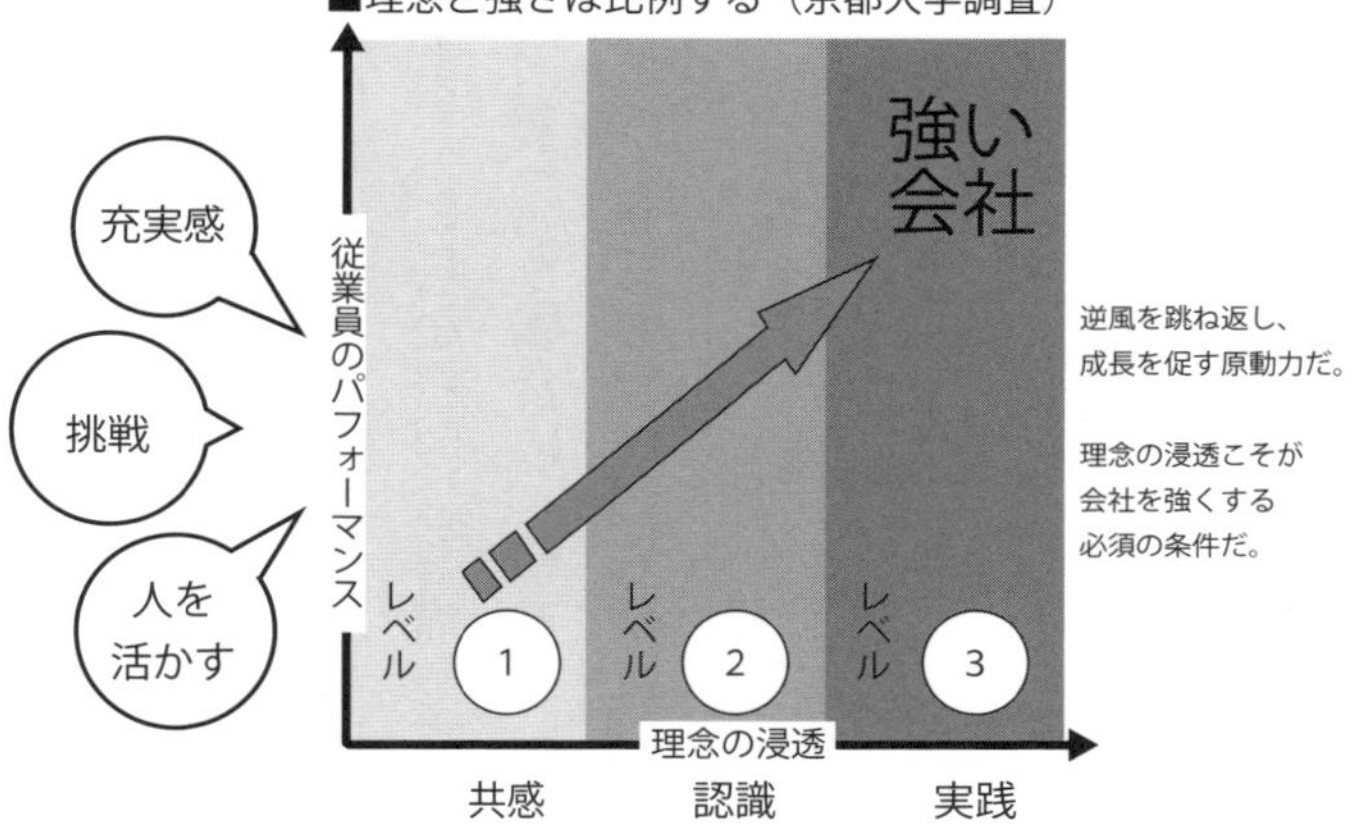

「日経ビジネス」日経BP社より

六、理念が備えなくてはならない要件

経営における理念の役割に続いて、次は活きた理念というものはどんな要件を持つことが大切かを理解していただきたく思います。これから理念を構築する場合や、既に理念はあるものの、これを再構築したいという場合に、望ましい理念の設定についての考え方を知ることはあなたにとってとても役立つものになります。

『企業理念』大和信春著博進堂より

- ●目的性…その企業が何のためにあるのかが示されている。
- ●倫理性…社会的正義にかなう高度な価値を目指している。
- ●指針性…あらゆる業務活動に判断のよりどころとなる。
- ●英知性…守っていけば成功できる知恵を網羅している。
- ●本望性…切実な、真の願いに発している。

●共有性…皆が共に支持することができる。
●永遠性…末永く追求の対象として魅力を保つ。
●具体性…観念的・抽象的でなく、実際に達成できる。

理念の設定にあたっては、このような要件をできるだけ満たすよう、検討を進めます。

活きた企業理念の要件

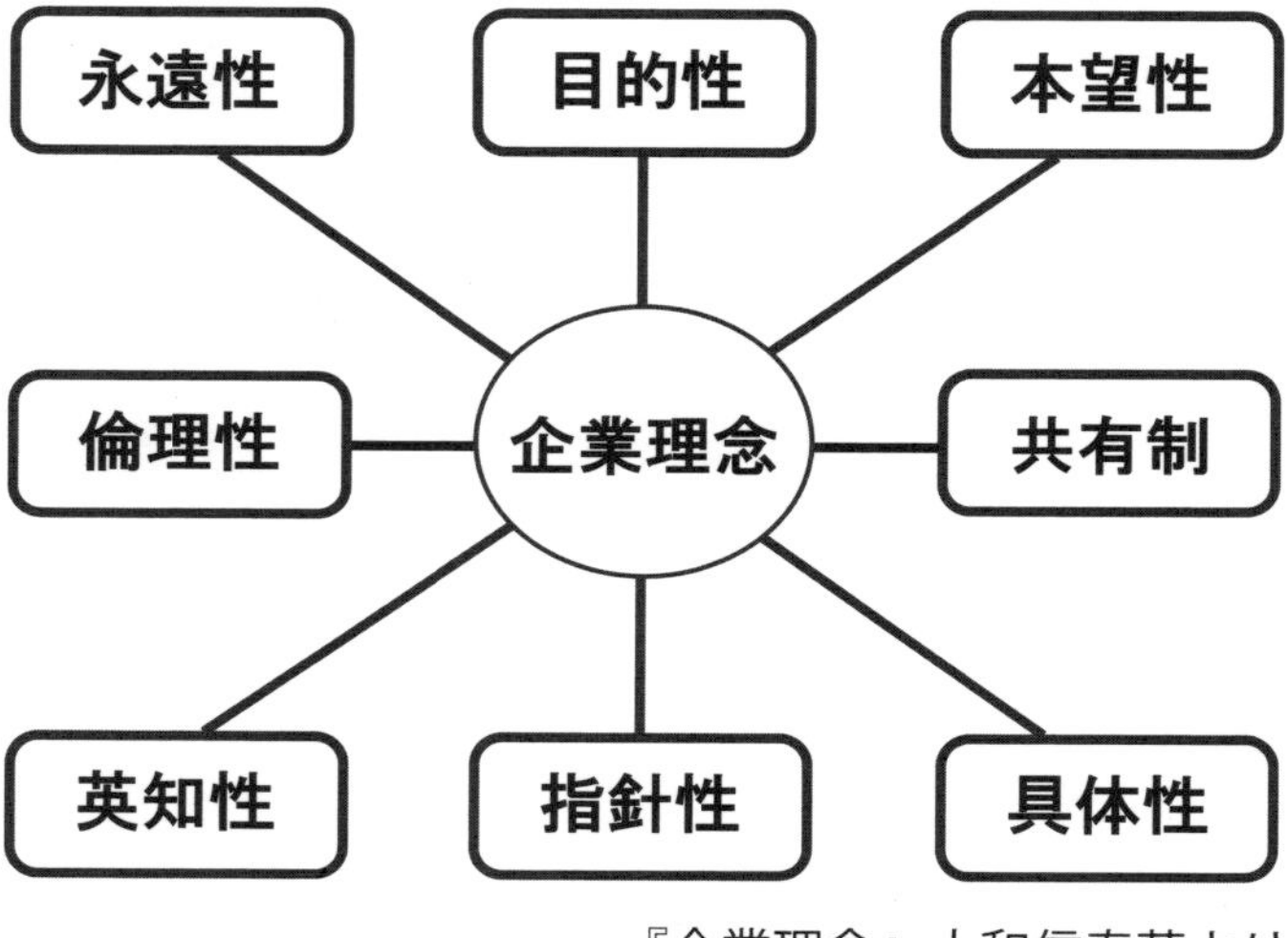

『企業理念』大和信春著より

つくられた理念がこれらの要件を充分に満たすということは難しいものですが、できるだけこの要件を取り込む検討を重ね、よりよい理念の構築を目指していただきたいものです。理念は一旦設定されれば、ながく経営の羅針盤として守っていくものであり、簡単に変えるという性格のものではないことからも、慎重な扱いが望まれます。

七、理念・行動指針はこうしてつくる

これまで述べてきました理念の意義は理解いただいたとして、これを個々の企業、組織で活かしていくためには、実際に理念の構築を行う必要があります。既に理念の設定がなされている場合には、それが実際に組織に浸透しており、生きたものとして機能しているかの検討が必要です。理念の再構築が必要かどうかは現状を分析して適切な判断を行うことが望まれます。

理念構築の際、どのような形にするかということですが、いまの企業などの実

態を見ますと、51頁に示した表のようにいろんな形が存在します。まずは経営者の感覚によってその形が選択されるわけですが、中小企業の場合にはできるだけシンプルで活用しやすいものがよいと判断しています。そうしますと、「企業理念」「行動指針」の組み合わせが一番だということになります。

理念に加えて「行動指針」を設定する目的は、行動指針によって理念が業務の中で具体的に行動に活かされる必要性が高いからに他なりません。理念は頭では理解されていても、日常業務にこれを活かすためには、理念を行動レベルの段階において表現し、行動につなぐことが求められます。理念はあるけれども行動指針は設定されていない会社も多くありますが、その場合にはどうしても理念が日常の業務と関わりのない場所に存在していて、いわば宙に浮いているといった感を免れません。

これにも例外はあり、行動指針がなくても理念が自ずと行動に反映されているといった理想的なケースも見られます。しかし通常は行動指針を設定し、これが組織の末端まで浸透することで、より理念の目指す姿の実現に近づいていくことは間違いのないところです。そこで行動指針の事例を参考にし、どのような行動指針が企業理念との密接なつながりを持って定着することが可能かを検討し、設定を行うことをお勧めします。

次ページの図表は、企業理念とこれに続く行動指針などの体系事例を挙げたものです。どのような理念の体系を持つのかは企業や組織によって異なっています。早くから理念に取り組んできている株式会社「フジッコ」の理念は事例集にも掲載していますが、体系としては、現在次図の中央の欄に示したかたちをとっています。

このようにいろんな名称やパターンがある中で、どのような名称やかたちを採用したらよいかは個々の企業の判断となります。これでなくてはならないということはありません。しかし理念の働きと組織への浸透、業務への反映を考えれば、筆者としては最小限のかたちとして「企業理念」とこれに続く「行動指針」の設定が必要だと考えます。これだと比較的シンプルであっても、十分にその役割を果たすことが可能だからです。

企業理念と行動指針

■企業理念と行動をつなぐもの→体系化が必要

■理念体系化のパターン（事例）

企業理念 ↓ 企業ミッション ↓ 行動規範 ↓ 行動基準 ↓ 実施要領	社是 ↓ 企業理念 ↓ 使命記述書 （ミッションステートメント） ↓ 私の信条 ↓ 私の行動指針	企業理念 （社志） ↓ 社訓 企業理念 ↓ 行動指針

最小限、
このかたちは
必要だ

なお、理念の名称は社会福祉法人や共同組合などの団体にあっては「基本理念」とされることが多く、また企業にあってもよい顧客サービスで有名なザ・リッツ・カールトンホテルのように「クレド」（信条）として全従業員が守るべき規範として、その浸透に日常的に努力をされているところもあります。最終的には名称が問題なのではなく、その組織にいかに浸透し、業務に反映されているかの実態が問われることとなります。

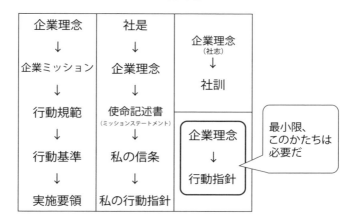

【理念・行動指針の設定手順】

この項の最後に、どのようなプロセスで理念と行動指針を作っていくかの簡略な内容の事例を掲げておきます。このプロセスは、筆者が「企業理念の重要性とその構築」セミナーでの説明をはじめ、「理念構築研修」の演習において実際に活用してもらっているものです。

理念構築の際に考えていただきたいのは、企業や組織の行く末を決定ずける重要な意義・役割を持つものが安直に、簡単にできるものではないということです。プロセスの各手順に従って、十分に考え、検討し、最終的にでき上がった理念と行動指針が、こころから納得できるものである必要があります。

『ビジョナリーカンパニー』の著者ジム・コリンズは、その著書の中で理念の重要性を説くとともに、「理念はつくるものではなく、探すものだ」と述べています。文章やかたちをあれこれ考えるより先に、自分のこころの内を徹底して探り、自分が真に望んでいるものを抽出することが大事だといっているのです。一晩考えてもうできたといったことではなく、二〜三ケ月かけてでも、「活きた企業理念の要件」による自己チェック・評価も合わせ、こころから納得できるよい理念・行動指針の構築がなされることを望みます。そのようにしてできた理念は、将来にわたり、あなたの大きな力となることは間違いありません。

理念設定のプロセス

ステップ	項　目	内　容
1	環境分析と自社のコア(真の強み、特徴)探求	①自社の強みは何か？ ②顧客から見た自社の存在価値は何か？ ③今後自社を支える市場と真の顧客は誰か？ ④社員のあり方、並びにこれから求めたい人材像は？
2	創業理念の発掘	①創業者(あなた以外の場合)の理念はどのようなものであったか？ ②あなたが創業したときの思い、願望はどうであったか？
3	人生理念、経営理念、自己実現目標の探求	①あなたの人生、経営理念は？ ②あなたの自己実現目標は？
4	社員個人理念の探求	①会社の社員は何を望んでいるか？ ②会社の社員はどんな会社であってほしいと思っているか？
5	企業理念の設定	①これまでの情報から理念の原案を作成する。 ②何通りかの原案が出た場合は、最終的に原案とするものを選択する。
6	企業理念の評価	①作成した理念の原案を評価表により評価する。《理念の各要件の充足度》 ②評価の結果を踏まえ、修正、変更を行う。
7	行動指針の設定	①理念の実現を支える行動指針の原案を作成する。 ②業務の具体的な行動規範として、わかりやすく設定する。
8	最終決定・発表	①原案の推敲を重ね、最終決定をする。 ②決定したものを社内で公式に発表する(セレモニー)。

企業理念の事例①

■（株）イビサ（株)吉田オリジナル）

98年日本経営品質受賞

・お客様が第一・お客様との永いおつきあい

・孫の代まで永年保証

菓子舗　間瀬

企業理念

一、 暮らしに喜びを広げる菓子作りを追求する。

一、 地域社会と人類の文化向上に貢献する。

一、 真心尽くしの役立ちを貫く人材集団となる。

一、 研究開発に励み、 特異の技術を蓄積する。

一、 誰もが楽しく仕事にいそしめる職場をつくる。

企業理念の事例②

■カゴメ（株）

企業理念

感謝

私たちは、 自然の恵みと多くの人々との出会いに感謝し、
自然態系と人間性を尊重します。

自然

私たちは、 自然の恵みを生かして、 時代に先がけた
深みのある価値を創造し、 お客様の健康に貢献します。

開かれた企業

私たちは、 おたがいの個性・能力を認め合い、 公正・透明な
企業活動につとめ、 開かれた企業を目指します。

企業理念の事例③

■（株）サザンウィンド

企業理念

1. 人類の進歩向上に貢献する事業を開拓します。
2. 各人の個性を生かした創造集団を目指します。
3. 時代を拓く同志のつながりを広げます。
4. 世の中に役立つ事業を支援し、連帯を深めます。
5. 楽しい職場づくりを探求実践し、社会に広めます。

長期基本方針

　ニューメディアによる新しい価値の創造

使命事業

1. オリジナルソフトウェアの開発
2. ニューメディアによる人的ネットワークの構築と活用

企業理念の事例④－1

■フジッコ（株）

《社是》

創造一路　Always Be Creative

《企業理念》

お客様とともに新しい食文化を拓く健康創造企業を目指します

《私の信条》（「一」はひとつと読む）

一、私は、「お客様は常に正しい」と信じ、その満足を第一に考えて、あらゆる努力を惜しまず仕事に工夫をします。

一、私は、健康が最も大切な付加価値と考え、健康に関心を持ち、健康生活を実践し、提供します。

一、私は、仕事に必要な学習を常に忘れず、最終的な成果をイメージして、従来のやり方にこだわらず、新しい試みに挑戦します。

一、私は、常に事実を基にして考え、事実が発生した場所を重視して、具体的な事実を組み合わせながら、自分の意見を構想する努力をします。

企業理念の事例④－2

■フジッコ（株）

《私の行動指針》

一、 約束はすべての人が必ず守ること。

一、 練習なくして上達はないと考えること。

一、 明確な目標を持って行動すること。

一、 自分が責任を取るつもりでいつも行動すること。

一、 仕事はスピードが生命線だから、 よいと思ったことはすぐ実践すること。

一、 法令を遵守し、 誠実な対応と正しい仕事で、 社会的責任を果たすこと。

企業理念の事例⑤

■医療法人の事例

S中央病院…病院待合室に掲示

≪理念≫

誠実な医療を提供し、 地域の皆様の健康増進と福祉向上に貢献します

≪基本方針≫

私たちは患者様の

・命を守るため、 医療水準の向上に努めます

・安心のために、 説明と対話を大切にします

・要望にこたえるように、 行政や他施設との連携に努めます

・安全のために点検と提案、 改善に努めます

地域の皆様とともに歩んで行けるように病院の発展に努めます

医療法人 S中央病院

企業理念の事例⑥

■（株）ハローズ

社訓

和して向上　日々感謝

経営理念

一、地域社会の生活文化向上に貢献する
一、従業員の幸せづくり人づくりをする
一、お取引様との共存共栄をはかる
一、成長発展のための利益を確保する

経営十訓

一、儲けは正しい経営の尺度なり
一、徹底的に調査せよさらに調査せよ
一、大いに聞けその上で決断せよ
一、借金は返せ貯えよ
一、財貨に勝るものは人財なり
一、大いに任せよその上管理せよ
一、目先の小儲け十年先の大儲け
一、投資は必ず回収せよ
一、奇策は一日王道先年
一、出店は自信をもってせよ、
　　撤退は勇気をもってせよ

企業理念の事例⑦

■社会福祉の事例

N学園…障害福祉施設

～創業の想い～

「和を以って尚ぶ」を基本として利用者とともに生き成長していこう

～経営理念～

利用者に安心・安らぎを職員に生きがいを・やりがいを

～行動指針～＝自立・情熱・誠実・感謝＝

1．私たちは、常に利用者の立場にたって、自ら工夫し素早く行動します。
2．私たちは、互いに尊重し熱い心で語り合い、活力ある職場を作ります。
3．私たちは、法と規則を守り、高い倫理観を持って陰日なたなく
4．私たちは、常に地域に視点をもちともに学びあい、感謝の心で尽くします。

企業理念の事例⑧

■（株）ドリームインキュベーター　堀　紘一氏

【社是】

1. 人々の役に立つ
2. 利益を出す…（利益を出さないのは罪悪だ…納税ほか）
3. 成長する
4. 分かち合う

●理念と算盤の見方↓
利益より理念が先だ。企業は理念に始まって理念に終わるといってよい。

●当社の人材の多くは、特に企業理念の1と4に共感して入社した。
中小企業の人材獲得が難しいというのは嘘だ。給与水準の問題ではない。

●利益というのは「実体」の影だ。
いきなり影を追い求めてもだめで、実体のありようを探求しなくてはならない。

企業理念の事例⑨

■エーザイ（株）内藤晴夫社長

企業理念を定款に入れている。

【企業理念】

「患者様と生活者の皆様の喜怒哀楽を考え、
そのベネフィット向上を第一義とし、
世界のヘルスケアの多様なニーズを充足する」

1989年エーザイ・イノベーション宣言

ヒューマン・ヘルスケア（hhc）の理念

●野中郁次郎氏（一橋大名誉教授）の支援により実践進化へ

企業理念の事例⑩

■イオン(株)の基本理念→当社も定款に記載

私たちの理念の中心は「お客さま」:

イオンはお客様への貢献を永遠の使命とし、
最もお客さま志向に徹する企業集団です。

「平和」:イオンは、事業の繁栄を通じて、
平和を追求し続ける企業集団です。

「人間」:イオンは、人間を尊重し、
人間的なつながりを重視する企業集団です。

「地域」:イオンは、地域のくらしに根ざし、
地域社会に貢献し続ける企業集団です。

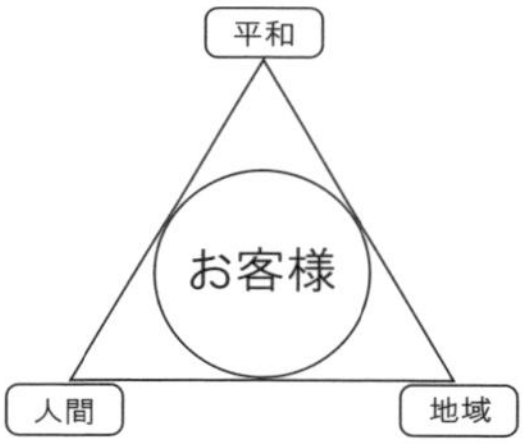

企業理念の事例⑪

■(株)木輪…芳野　栄(1998年北九州市八幡西区)
パン製造、小売業

【経営理念】
一、木輪は、社員の幸せを大切にします
一、木輪は、社員相互の思いやりを大切にします
一、木輪は、まごころのこもった商品づくりとその
提供により、お客様に安心と喜びと幸せをお届けし、
地域社会に貢献できる企業となります

【社是】
創作　真心　感謝

企業理念の事例⑫

■日本電産の企業理念・三大精神

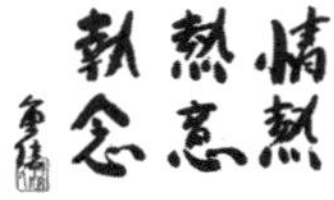

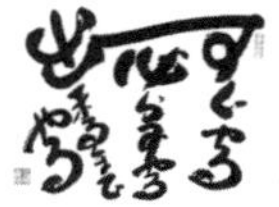

【社是】
我社は科学・技術・技能の一体化と誠実な心をもって
全世界に通じる製品を生産し
社会に貢献すると同時に
会社および全従業員の
繁栄を推進することをむねとする。

【三つの経営基本理念】
1．最大の社会貢献は雇用の創出であること
2．世の中でなくてはならぬ製品を供給すること
3．一番にこだわり、何事においても世界トップを目指すこと

【三大精神】
・情熱・熱意、執念。知的ハードワーキング
・すぐやる、必ずやる、出来るまでやる

100年企業に見る創業の理念

■株式会社　亀屋　菓子製造　創業1783年
創業229年160名山崎善正社長8代目
理念「全てに親切」

■石川酒造株式会社　創業1863年
創業149年37名石川太郎社長　6代目
社是「石川酒造は地域の誇りであり、自らの誇りでもある」

■株式会社　太田胃散　創業1879年
創業133年　130名
社是「奉仕の精神を以て良品を世に送る」

第2章 ついに！

楽にする第一の法則「心その二」
……理念の実践

一、経営者のあるべき姿勢は？

多くの経営者は経営における経営者としてのリーダーシップのあり方に悩んでいるという実態があります。いろんな経営者の話を聞きますと、様々なケースにおいて場合によっては夜も眠れないほどに悩むといったことがあるわけです。有能な幹部や従業員がやめたいと言ってきた、さあどう対応するのがよいのか。期待して中途採用した人材が会社の方針、やり方を理解してくれず、周囲に悪い影響を与えている、これにどう対応するかなど、人にまつわる課題が多く発生します。

この他にもいろんな問題に悩まされることは、いわば日常当たり前に起こっていることです。その場合に経営者は、自分の言うことが相手にどのように受け止められるのか、対応することで却って事態を悪くするのではないか、といった不安を持ちます。これはどちらかというと自信のない、弱気な経営者ほど持っている思いであるわけです。このような問題に直面した時に経営者として取るべき態度、対応はどのようなものが理想となるかを考えてみて下さい。

その答えは意外に簡単なものなのです。それはやはり理念を基準とした対応です。次図でこれを表現してみます。図の左の方は、経営者は自分が事業の執行者であり、自分が方針を決める。従業員は雇用されている立場だから当然経営者である自分の言うことを聞くべきだ。言われた通りにやるべきだ、という姿勢です。

これに対して図の右半分は、経営は理念の実現に向かって皆でやっていくものだ。経営者である自分もこの理念の実現に向けて懸命に努力していきたい。皆も一緒になってこのことに力を尽くしていこう、という姿勢です。この両者の違いは明らかです。左は支配者、指示者としてのスタンス、右は挑戦者の一人としてのスタンスです。

経営者のとるべき取り組み姿勢は？

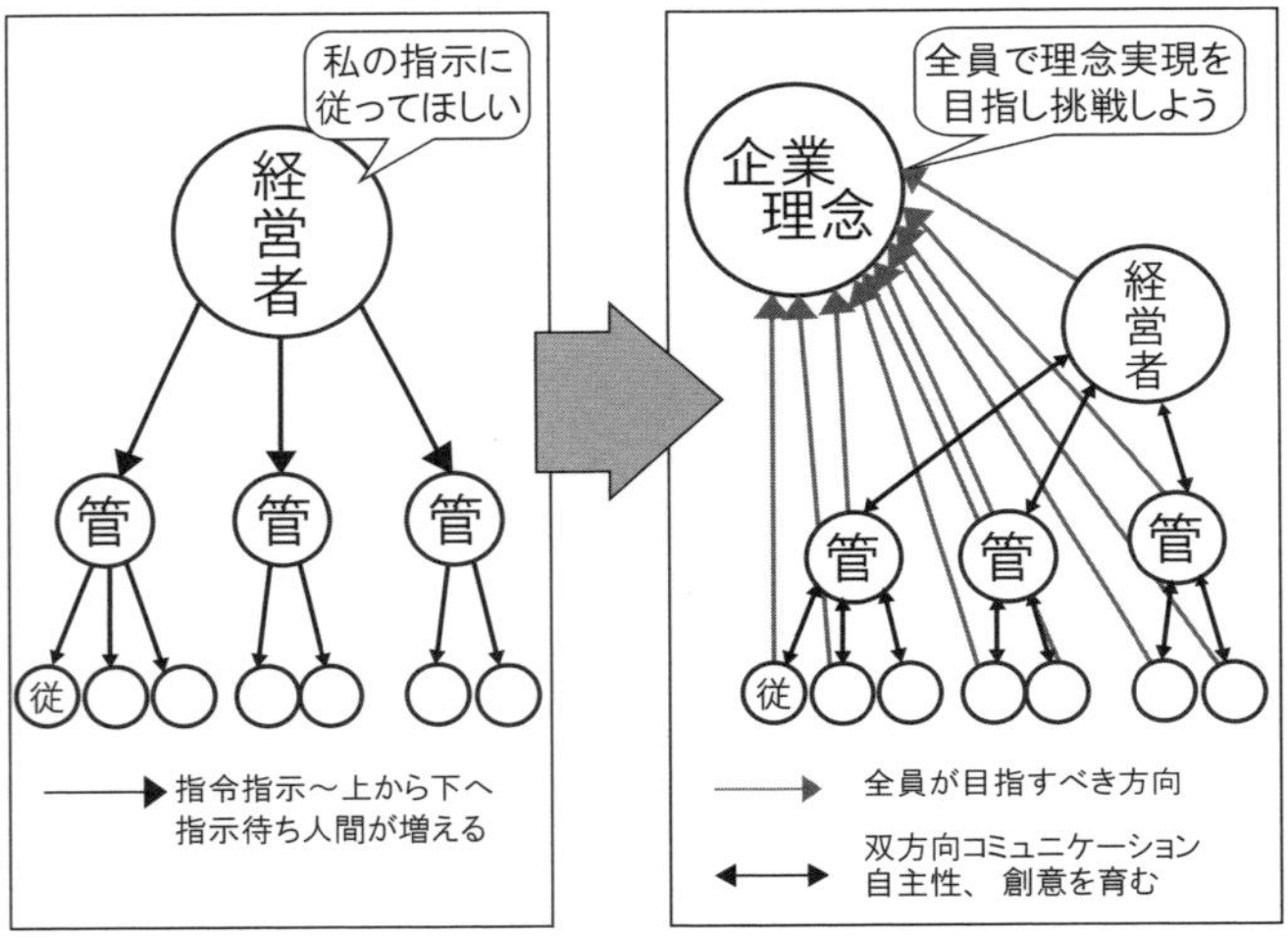

支援しました企業の経営者で、これまで述べましたような従業員に対する対応の悩みで困っている方がいました。この企業では社長としての経営に対する思いは持っておられましたが、これを企業理念として設定することはできていません。そこでまず、企業理念の構築について、次いで行動指針の設定の作業に入り、かなりの日数は要したものの、その完成を見ました。

その結果どういうことが起こったかといいますと、経営者曰く、「やっと自分の喋る言葉ができた」というものでした。それまでは従業員に対して話すことに対して自信がなく、悪い反応が出てくることに対しての不安があったわけです。話す度にそのような不安があることから、どうしても迫力や説得力のない姿勢に陥っていたのです。

それが「企業理念」と「行動指針」を明確に定めることにより、これを基準とした、何ものにも捉われない、邪念の入り込まない姿勢の確立ができたということになります。このように理念の確立は経営者にとっての自信を生み、更に自身のみならず、従業員の成長を促す基盤となりました。

二、あらゆる仕事に真の目的を掲げる

会社、組織における業務は実に多岐にわたっています。組織の構成員は各々が与えられた業務に携わっているわけですが、なぜその仕事があるのか、その仕事の目的は何なのかが曖昧なまま放置されているのが実態です。それが明確に設定され、目的に沿った成果を挙げている会社はもちろんあります。そしてそれは少

なくとも企業理念が明確に確立されている会社の場合だといえます。

配置転換や昇進、昇格によりこれまでと違った仕事に取り組む場合、その仕事の意義目的や将来的に実現すべき姿の説明を受けることは殆どないといってよいでしょう。既に分かったこととして扱われてしまうのです。私の経験からしても管理職になった時に、管理者の役割、責任というのは○○だということを聞いた記憶がありません。先輩の背中を見ながら、あんなことでよいのだろうかといったある種の不安を抱えて出発することとなります。

表面的にはその部門、組織の名称により、営業は販売業務、製造はものづくりをつつがなくこなしていくのが仕事だと理解されます。組織の中でも「総務」というのは判りにくい部署となっています。下手をすると会社の雑務係りと思われてもしかたのない状況があります。

しかし、あらゆる業務が企業理念の実現のためにあると強く意識された場合には、各々の役割と責任が明確になってくるのです。たとえば、総務は単に株主総会や経営会議などの段取り、各部門への会社方針の伝達（社内報の発行など）、情報管理を含む各面のリスク管理などの業務をこなせばよいと考えるのは間違いとはいえないまでも、組織としての本当の役割を果たしているとはいえません。私見になりますが、総務は企業理念の実現の要として、各部門がこの目標に対して積極的に取り組める環境をつくり、組織の活性化を推進するというのがあるべき姿だと思うのです。そのように考えていきますと、あらゆる業務について本来の業務目的は何かということを洗い直す必要が生まれます。

このように会社の業務としての真の目的を掲げ、担当者がこれを充分に認識し、具体的な実行に結びつけていくことが望まれます。その具体的な設定は別の章で述べることとなりますが、「理念」↓「経営方針」↓「経営目標」↓「経営戦略」↓「事業戦略」の段階で各業務のあり方そのものが検討され、中長期的な取り組みとして目的、内容が確定されていきます。次いで「中期事業計画」↓「部門計画」といった段階で実行に移されるということになります。

三、理念の浸透・実践においてやるべきこと

理念の実現を更に踏み込んで考えますと、いかによい理念であってもこれが組織に浸透し、日常の業務に反映されなくては役に立たないことになります。単に額の中に納まっているだけのケースや、世間の目を気にして設定し、掲げてはいるものの、その理念の実現に対する実践が仕事の現場では何もなされていないといった事例があります。これでは意味がありません。

理念の浸透・定着の第一段階は設定時にあります。会社として正式に決定した理念は行動指針とともに従業員全員を集めた場で公表するといった行事が大事です。理念制定式あるいは理念発表会といったものを開催し、経営としてこれからはこの理念の実現に真剣に取り組んでいくといった意思表明を行うことです。そうすることによって組織の構成員が理念を認識することのスタートが切れることになります。いつの間にか決まっていたなどという状況は避けるべきです。

その際重要なことは、なぜこのような理念を設定することとしたのか、理念の実現により将来どのような会社の姿を目指すのか、行動指針は何のためのものかなど、従業員が納得し、共感できるように十分な説明を行うことです。これは経営者として折に触れてやらなくてはならないことですが、発表時には欠かせないことと考えています。

次は、できれば毎日理念・行動指針に触れることで意識の中に定着するよう配慮していきます。やり方として毎朝の朝礼で全員が唱和する、順番に理念を唱えて、今日の仕事にどうこれを活かしていくかの思いを発表する、あるいは夕礼で本日の、朝礼で前日の理念と行動指針を実践につないだ行動を発表するなどのやり方です。この他、理念・行動指針を適当な大きさの紙などに印刷し、全員が携行できるようにするなど、いろんな工夫をすることです。ある飲食店では従業員のロッカーに理念と行動指針を貼り付け、毎日着替えの際に目につくようにしています。

さて、組織である以上いろんな考え方の人がおり、設定された理念に納得せず、皆と共有できないケースがあります。また今まで慣れてきたやり方・考え方を否定されたように受け止めたり、変わることに心理的な抵抗を覚えたりする人達がいます。こういった場合には、なぜ理念の導入が必要なのか、その理由を根気よく説明していく必要があります。また、場合によっては意識を変えてもらうため、理念に関わる重要事項を人事考課に取り込み、その実践を促すといった事例もあります。

トヨタ自動車九州の宮田工場（福岡県宮若市）では、かつて監督者クラスが俗にいう職人化した状態となり、習得した技術・技能を自分固有のものとして大事にするあまり、部下や後進の育成指導に力を入れなくなったという事態を招いた時期がありました。トヨタには「トヨタウェイ」として人材育成に力を入れていくという育成の理念が設定されています。

工場のトップ層はこのような状態に危機感を抱き、思い切って人事考課において「今後あなた方の業績の80％は部下をどのように育成指導したかによって評価、判断する」としたわけです。こうなりますと、もうこれまでの意識は変えざるを得ません。考課というのはこのように使うこともできるという見本になりました。そして、このような通常ありえない思い切った手段を取ることにより、これが効を奏し、事態は大きく改善されたということです。

四、「理念なくして経営なし」

終わりに、理念とは何かについてより理解を深めていただくために、その意義目的についてまとめを行いました。その結果、このようなキャッチフレーズを設定するに至った意味を理解していただきたいと思います。

●企業理念は組織の魂だといえる…人についてA君とは何者だという場合、容姿、学歴、地位などではなく、人間としての人となりを意味しています。外形的なものではなく、究極的にはその人の真の姿、すなわち魂を指すものだと考えます。企業や組織もまた社会の中で生きている存在ですので、A社とは何者かという場合、建物・設備とか技術力、はたまた人材だという答えを聞いても、それは一部の説明にしかならず、明確ではありません。やはりその企業が何のためにあり、何を目指しているかの「理念」を知ることなしには分からないことになります。従って、理念のない企業は魂のない人間と同じであるとも言いうるのです。

・わが組織の存在意義・価値はどこにあるか。
・わが組織はどんな姿を実現していくのか。
・わが組織は何を規範として行動するか。
・わが組織は「人」をどう活かすか。
・わが組織は地域社会にどう貢献するか。

これらの問いに答えるものが理念であるといえます。そこで、これらの内容を集約しますと次のように表現できると考えます。

●理念は組織の目指す姿を示す。
●理念は組織の生き方をあらわす。
●理念はそこに働く人のあり方を示す。

理念が構築されてなく、従って組織の構成員の行動規範が明確でなく、思わぬ不祥事の発生によって信用を失い、退場を余儀なくされた企業も数多くあります。いまの社会の進展の中では、企業とは利益を追求するものであって当たり前という見方が変わってきており、社会において固有の貢献ができない企業は存在の理由なし、といった厳しい見方が一般的になりつつあると感じます。社会性、倫理性、貢献性が求められているのです。

企業や組織がしっかりした生き方を定め、困難を乗り越えて将来を目指すには、やはり「理念なくして経営なし」を前面に据えて、経営を推し進めることが重要だと認識しています。

第3章

楽にする第二の法則「技その一」……市場対応力の中核とは？

一、市場対応力の意味は

→生き残るのは、大きいものでも強いものでもなく、最も変化に対応できたものである。…ダーウィン

右はよく知られる言葉ですが、企業も生き物である以上、あらゆる環境の変化に対応できなければ生き残れないことを示唆するものだと受け止めています。では、この変化への対応という場合の変化には、どんなものがあるのでしょうか。変化というのは個々人の関心の度合いによって異なることから、一概にこれだというのは難しいわけですが、事業経営の観点から一般的に述べますと、「外部の変化」と「内部の変化」に分けられます。

「外部の変化」はいうまでもなくその組織を取り巻く経済社会の変化であり、「環境の変化」という言葉で語られることが多いのはご承知の通りです。この変化は、更に掘り下げてみると広義には社会全般の変化、狭義には自社の属する市場の変

化と捉えられます。ここで考えておくべきことは環境の変化が起こるのは当たり前であり、こういった変化に一喜一憂する必要は全くないということです。事態の推移を冷静に見つめ、自らよって立つ理念や考え方によって的確な判断を行うことが必要です。

かつて私が会社勤務していた当時（昭和47年頃）のことになりますが、バブルによって土地の価格が日に日に高騰し、土地を取得しないということは利益をみすみす逃していることとなる、なぜわが社はそれをしないのかといった、後で考えれば全く恥ずかしい考え方をしたことがあります。地域のいろんな会社はこの土地あさりに狂奔し、バブル崩壊後資金が回らず倒産の憂き目にあったところが少なからずありました。そこで教えられたことは、経営者の持つ経営哲学がいかに大事かということです。

当時の社長（故大石正巳氏）は、利益は本業に打ち込むことによって得るべきであり、いわゆる「浮利」を追うのは邪道であってそれは経営ではないという理念をお持ちでした。環境の如何によっても、大石社長の経営姿勢が微動だにしなかったことを振り返る度に、大いに自分の浅はかな考え方を反省させられたことを思い出します。このように経営への取り組み姿勢が確立できていれば、環境の変化は恐れるに足りないものだということです。

さて、次には「内部の変化」があります。これは文字通り組織の内部の変化を指します。組織機構の変化といった外形的な変化はもとより、組織の構成員の気持ちの変化、組織風土の変化といった組織のモラールに関係した変化がこれにあたります。経営者はこのような内部の変化に鈍感な場合が往々にしてあります。そうなると組織内で的確な判断ができなくなり、誤った方策を取ることとなります。たとえば従業員のやる気が減退して退職者が増加したといった場合に、待遇を改善すればよいとの判断で給料のアップを行うケースです。この場合、やる気の減退の真の原因を追求することなく、いわば場当たり的な対策に逃げてしまっています。このようなことにならないよう、常日頃から的確な状況把握とこれに対応する考え方や手段を取れるよう、理念の確立と経営方針の設定を行っておくことが必要となります。

なお、市場対応と表現しますと、市場の変化にあとから対応するといったイメージを持たれた方もあるかと思います。しかし、志向していますのは市場の変化をいち早く予測し、これに基づいて市場の創出を企画するといった前向きの対応をも含めて考えたいということです。理念によって未来を創造するという意識を持ち、自社に関わる変化を的確にキャッチするアンテナを持つことで、それが可能になると考えています。

二、技を作り出すのはやはり理念だ
↓ノウ・ハウだけでは乗り切れない、すべての技は理念に従う

いまの社会の風潮として、何かことを成就するにはノウ・ハウやメソッドを習得するのが一番手っ取り早いということがあります。多くのコマーシャルがいろんな関心事について、たとえば「肥満を解消し痩せるには」、「いつまでも若々しくあるには」「こうすればお金がたまる」などなど、手軽に目的が達せられるか

のようなもので溢れています。

経営の世界も例外ではありません。書店にゆけば「取引先を確実につかむ方法」「飛躍的に売上を上げるには」「小さくても儲ける通販のやり方」などなどのノウ・ハウ本が所狭しと並んでいます。これらを否定するつもりはありません。皆それなりに役立つものだと思います。

ただ、ここで考えなくてはいけないことは、これらノウ・ハウやある種のメソッドに頼って経営を行えばそれでうまくいくのかというと、それは違うということです。そんなに簡単なものではありません。うまくいく場合があるにせよ、それは一時的なものに終わります。うまくいかない場合、今度は別のものを次から次に求めます。

かつてソニーの生産管理担当者がトヨタの生産方式、いわゆるカンバン方式の習得のためにトヨタの工場に赴きました。見学の結果「分かった、これなら当社でもできる」といって自社で実施したところ、全くうまく機能しなかったという話は有名です。それはソニーの社員がトヨタ生産方式をひとつのシステムとして捉え、その根底にある理念を理解していなかったことに起因します。

トヨタではご存知のように、長年にわたってあらゆる「ムダ排除」の思想を培い、浸透させてきました。そのうえに立って初めて、この生産方式が有効に機能するわけです。つまりこれはノウ・ハウの前にこれを生み出した「理念」がいかに大事なものであるかを如実に示しています。筆者も5S活動に懸命に取り組み、工場の改革を行って大きな成果につなげるという貴重な経験をしました。だから自信を持ってそう言えるのです。

人事・賃金制度の改革の事例をお話ししましょう。富士通がかつてそれまでの人事制度を改革し、「成果主義」に基づくものへと改革の舵を切りました。成果主義とは、達成目標に対してどの程度の成果が得られたか、すなわち本人の目標に対する達成率で成績を評価し、これを処遇に反映させるというものです。たまたま筆者の高校時代の同級生が富士通においてこの改革に際し、人事の当事者としてでなく、その適用を受ける側の部長として遭遇したわけで、同窓会で当時のことを聞く機会がありました。

それによりますと、この制度の実施にあたって、その目的、趣旨といったことが十分に説明されず、社員によく理解されていない状態でスタートしています。いろんな事情があったのかもしれませんが、結果として人事が功をあせって、その結果失敗したと見られても仕方のないかたちとなりました。当時私の友人はもっとよく説明して実施する必要があるのではないかとの意見具申をしたそうですが、これは実現しなかったそうです。単純な話ですが、達成率で評価されるのであれば、目標をできる限り低く設定できればよいわけです。だからそのことに持てる力を傾注するというおかしなことが起こったのです。

この事例を見ますと、制度改革のようなものを進めるにあたっては、何のためにこれを行うのか、これによってどんなことが実現するのかなどをしっかり社員に理解してもらわない場合には、当然失敗するということです。富士通も以後この失敗を大きな教訓として様々な改善が行われています。

三、自社の強みを明確にする…「コア・コンピタンス」の探求・設定

理念と密接に関わるのが会社・組織の貢献価値です。理念によって何のために会社はあるのか、その存在価値や将来実現していく姿を示しました。次に理念の上で表現する場合もありますが、重要になってくるのがどんな役割を果たしていくのか、またどんな貢献をしていくのかという内容です。これは、その会社が他とは違うことを主張する「固有の役立ち」ともいうべきものです。

更に言えば、「固有の役立ち」とは独自性のある貢献力のことであり、これが市場における競争力をかたちづくることになります。この競争力は一つではなくいろいろあることが想定されますが、その中で最も中心となるもの、すなわち核となるものを「コア・コンピタンス」といいます。まずは、この「コア・コンピタンス」と呼べるようなものがあるのかないのかをチェックする必要があります。いま市場の中でその存在価値を示すことができるのは、独自の魅力ある貢献ので

きる企業・組織です。

あなたの会社やお店が最も得意とするものは何でしょうか。商品の魅力や品質の高さ、サービスの良さ、独自の技術、お店の雰囲気、納品の速さ、役立つ情報の提供など、多岐にわたっていろいろとあります。そういったものの中で得意中の得意だというものがあることが望まれます。なぜならそれが最も力を発揮しやすいものであり、お客様から見ての魅力であり、競争力であるからです。

そのような競争力がない、もしくはあっても他と殆ど変らないといった場合には、まず理念に立ち返ることです。競争力といっても理念と関係性の薄いものは長続きしません。理念の実現にかなうものを探求し、これを「コア・コンピタンス」として設定することです。会社が強みを持たないということは貢献力も人を惹きつける魅力にも乏しいということになり、存在価値を問われることになります。ここは理念に続く経営の重点として十分検討を重ね、強みがあるとすればそれにいかに磨きをかけていく、どうすれば更に強いものになるかを追求していただきたいと思います。

スターバックスはコーヒーのチェーン店展開で知られていますが、ここの強みはお店の雰囲気づくりとされています。お客様が心からくつろいでいただくための雰囲気づくりとサービスを大事にしています。他のチェーン店のようなマニュアルはなく、オールウェイズ・セイ・イエスをモットーとして、余程のことでない限り、常にお客様の要望に応えるとしています。マニュアルというのはそこに書いてないことには対応できないという欠点もあり、マニュアルに頼らない強みの発揮を目指している姿がそこにあります。

ただ、面白いことに以前は「お客様」「お客様」「コーヒー」という順序でお店のあり方を表現していましたが、お客様はやはりコーヒーを飲みに見えるわけです。ですから、コーヒーの品質や味というものは欠くことのできない要素であることは明らかです。そこで現在はこの順序を改めて、「コーヒー」「お客様」「お客様」ということになっていると聞いています。

「お値段以上ニトリ」のコマーシャルで知られるニトリですが、行ってみますと確かにこの値段でこの品質が?といった感じの商品が並んでいます。ニトリの魅力というのはそこにあるわけですが、これも他店との相対的なもので、これが永遠に続くものとは断言できません。そこで必要になるのは、この強みに磨きをかけ、他の追随を許さない状況を維持することです。このように、強みは絶えず強化し、場合によっては刷新することも必要です。

飲食業界は競争も熾烈だといえますが、結構新規参入が多くあります。その反面、開店してほどなく行き詰まるといったケースをよく目にします。行き詰まる理由はやはり理念と貢献力＝競争力の欠如によるところが大きいと思われます。マーケティングでいう立地条件の良否や商圏人口などの要因もからむわけですが、何よりも強い覚悟なしに他店でやれているから自分もやれるといった安易な取り組み方によって失敗しています。

現在国の施策による創業資金の制度や関連の助成金があり、資金の調達は比較的容易であるとはいえ、やるからには独自の理念構築と、何を強みに集客できるのかの成算があることを前提にしたいものです。

四、顧客か自分か、どちらの側に立つかで戦略が変わる
→知らず知らず自分の都合を押し付けている

いま「顧客第一主義」「顧客満足」「顧客価値」などを掲げている企業は多くあります。理念の中にこのような言葉を取り入れている場合が非常に多く、全体の七割がそうなっているといわれます。経営活動はお客様のことを第一に考えて、お客様の立場に立って対応していこうという趣旨です。これが戦略の上でも現場の活動においても実践できているならば言うことはありません。しかし、実態は違います。「顧客第一主義」の看板を掲げることは市場において格好がよいし、よい印象を与えることは事実です。しかし、これが実態とかけ離れていることが判明した場合は、その反動もまた大きいのです。

掲げた理念、「顧客のために」が本当の意味で実践され、それが会社の側にも、顧客の側にも実感されているという姿を実現しているのは、このような理念を掲

げた企業や組織の中のほんの一握りしかないというのが実態だといわれます。「顧客第一」を掲げること自体が、それができていないことの裏返しだという見方もできるわけです。では、なぜそのようなことになるのかを考えてみましょう。

第一には、理念にこれを掲げる際になぜそうするのかを深く考えることなく、世間一般がそうだからといった理由で安直に設定してしまっているということが挙げられます。第二に、このような姿勢からは当然のことですが、日常の業務においてどのように「顧客第一」を実践していくのかについての行動指針の設定がなく、従って具体的な対応ができないままそれが放置されている状況になっていることです。第三にはこの考え方が頭で理解されている場合でも、いざ中期の事業計画や年度の業務計画を立てる際には、この理念と関わりなく計画が立てられてしまっていることです。この他にもいろんな原因があるでしょう。

要は「顧客第一」に対する経営者の意識に、これに対する真剣な思いがなく、将来の顧客との関係性についてどのような姿をつくるのかという絵が描かれていないことが基本的な理由だと言わざるを得ません。そのことを反省するとともに、今後のあり方を十分に検討し、「顧客第一」が従業員の行動に結びつくような体制づくりを行う必要があります。それがなされない状態が続く限り、危険な状態を放置することになります。

クレームの発生はどんな会社でもよくあることですが、顧客への対応のあり方は会社によって大きな格差があり、それが明暗を分けることとなります。顧客の立場に立ってものを考える対応ができる会社は、クレーム時にまず「お客様の気持ちになって考える」次いで「事実を確認し、適切な対応を取り、その処置に納得してもらう」といった対応ができます。そうでなく、相手の言い分をまともに聞かず、会社の都合による一方的な処置をとったといった場合、「ウソつき会社」呼ばわりされ、信用を損ない、それが他へ伝わっていくこととなります（勿論、悪質クレーマーの場合は別対応となり、リスク管理の範疇となります）。

「顧客第一」を考える場合に、更に重要なことがあります。それは「後工程はお客様」ということに象徴される社内の体制です。商品やサービスをお客様に提供する前の段階では、当然のことですが社内におけるプロセスを通っていきます。

この時に前工程ではお客様の顔は見えていません。メーカーの場合は資材調達↓倉庫搬入保管↓製造加工↓検査↓包装梱包↓出荷↓販売店・顧客といった経路になるのが一般的だと思われますが、各セクションでは自分の業務の都合をどうしても優先することとなります。そうすると営業担当部門が顧客から要望を受けて、製品についての一部の改善が必要とされる場合に、それが製造部門に的確に伝わらず、また伝わっていても工程の都合で時間が取れないなどの理由で改善できないといったことが起こります。

このような体制ですと、いくら「顧客第一」を掲げていても、市場の要望を取り入れて改善を重ね、業績を伸ばすということは不可能です。ここはしっかりと自社の体制の点検を行って改善・改革を進めることに注力すべきです。

五、理念が戦略をつくる

次には理念が経営戦略と深くつながっており、この理念の実現を果たすための戦略設定が企業や組織の存続・成長に直結していることを事例によって示します。まずは、筆者が支援しました企業の事例です（了解を得て公開しています）。

企業理念の重要性をしっかり認識し、既に持っていた考え方を更に探究することで理念の構築を行い、改めて戦略展開がなされました。北九州市門司区の学習塾、（有）マイティーチャー（林寛之社長）の事例です。

マイティーチャーの企業理念

出会ってよかったと思える先生に出会える場所を広めるために、私たちマイティーチャーは日々の努力を行います。

努力する大切さを生徒に教えることが、私たちの使命です。

努力する生徒の姿を見ることが、私たちの喜びです。

「合格」の二文字が、私たちの誇りです。

この学習塾はこのような理念に基づいて現在三つの教室を運営しており、規模は小さいものの、地域で素晴らしい実績を作りつつあります。門司の本校教室では、27年度の公立高校の入試において、二十名が一人も欠けることなく全員合格を達成しています。他の教室の実績も殆ど100％に近いのですが、林社長（社内では塾長）は一人でも不合格を出さないことが当塾の使命だという思いで、日々の活動をされています。

さて、この塾は他とどこが違うのでしょうか。まずは基本的な取り組み姿勢の違いとして一般の学習塾が掲げる学力のアップ、合格のためのノウハウ取得といったものを掲げて生徒を募集しているのではありません。ここでは、何よりも人は何のために勉強するのかといった、いわば根源的な問いかけを行う中で、先生と生徒がしっかり話し合う環境をつくり上げているのです。

人は何のために生きているのか、自分の力を存分に発揮するにはどういった考え方で物事に取り組んでいったらよいのかなど、まさにいまの日本の学力偏重の教育に欠けているものがそこにあるといえるのです。更に言えば、大手の学習塾が見学に見えた際に聞いたところでは、このような視点での取り組みはしていないということです。

この事例でお分かりのように、理念が企業の性格を定め、そこが生徒の父兄はもとより、地域社会の大きな信頼を獲得することにつながっているのです。いまこの塾では、この理念を広げるために海外への進出を検討しています。本当に共感の持てる理念であれば世界中に通用するとの信念に基づいて活動がなされています。

もうひとつの事例を紹介しておきます。社会福祉法人「夢のみずうみ村」（リハビリステーション、山口県山口市、理事長藤原茂氏）です。この施設の基本理念は、湖に水が湧き出ている。この水があなたの夢（意思）であり、この夢を実現することであなたの可能性が大きく育つ。人の命の泉をこの上なく大切にしたい。「自分の能力を再発見」し、人が生きていてよかった、生き方がこれまでよりもよい方向に向かったということを実感できるようにしたいというものです。

このような理念に基づくリハビリのやり方というものは、一般のリハビリ施設と違ってユニークな過ごし方を考え、そこに集う人達に生きがいを感じてもらう工夫が多くなされています。たとえば、決まりきった一日の過ごし方を設定するのでなく、一人ひとりに合ったカリキュラムを提供しています。多くのメニューの中から、「今日は一日ぼんやりしていたい」といったメニューの選択が可能なのです。

また、通常は何らかの障害や体の不具合を考慮して施設はバリアフリーの状態をつくっているわけですが、ここではいわばバリアアリーノで、階段もあり、この階段を自分の力で少しでも上がることを経験してもらうことによって、「自分もここまでやれるようになった」ということを実感してもらうように考えてつくられています。

この事例でお分かりのように、同種の業態においても、理念の違いによって利用者に対する対応が大きく異なることとなります。この事例は、利用者にとって本当に意味のあることとは何なのかを深く追求することによって、より意義のある戦略や施策が設定できるということを示しています。

六、お客様本位の一つの姿…人生の転機と経営の変革

スーパーの中では見学者が日本一多いといわれる株式会社ハローデイ（北九州市小倉南区）の経営を紹介しましょう。加治敬通（かじのりゆき）氏が社長である当社は、そのユニークな経営で、19期連続増収増益を果たし、このスーパーマーケットをアミューズメントフードホールとして経営されています。実際に数か所の店舗を見て回り、また会社幹部の方のお話を伺う中で当社の経営の優れたところを探求したいと思います。

加治社長は平成元年に当社が昭和63年にハローデイに商号変更する前の（株）かじやに入社しました。当時会社は父君の経営が多角化の失敗で危殆に瀕していた時であり、将来展望は全く見込めない状況でした。しかし当初任された店舗の黒字化を果たし、社長になってからも今日までいろんな変遷をたどりながら今日の姿をつくりあげるという成果を挙げました。

この経過の途上で加治社長の人生に転機をもたらす出来事がありました。経営者としていろんな悩みを抱えている段階において、経営者の集まる会合で加治氏は経営者としての先輩にあたる人との話の中で、「経営者というのは孤独なものですね」と話したところ、その人からそのような考え方、あり方自体を一喝されたのです。

確かに苦しい経営状況の中で頼れるのは自分ひとりという思いに駆られるのは分かるが、大事なことを忘れている。そういう状況の中で商品を買ってくれているお客さんがあるではないか、会社のために働いてくれている従業員がいるではないか、きちんと納品してくれている取引先があるではないか。こういった人たちにどうして感謝の気持ちが持てないのか。決して自分一人で経営しているのではない、といった叱責にもあたる言葉をもらったのです。

このことが加治社長の目を開かせ、大きく人生観を変える契機となりました。そうだ、すべてのものに感謝する心が欠けていた、まずは家族、そして従業員、お客様、取引先、地域の全ての人達に心からの感謝の気持ちを持って生きていくべきだ、といったいわば新たな人生観の確立に至ったのです。そしてこのことが新たな経営理念の確立につながっていったのです。

（株）ハローデイの企業理念は、設定された会社のポリシーに示されています。

【ハローデイポリシー】

●元気と笑顔のお店～ハッピースマイル元気に笑顔
●感謝・感動に根ざして～日々感動！日々感謝！
●商品への真っ直ぐな思い～安全・新鮮・挑戦
●これからも地域と共に～縁する人を幸せに

このような理念のもとに、経営は大きく変貌することとなります。お客様に商品に魅力を感じてもらい、安心して買ってもらえる店舗のあり方はもとより、従業員のやりがい、働き甲斐をつくる業務のあり方への転換など多くの変革がなされ、強い経営基盤が形成されたのです。

まず店舗の商品の陳列方法は、他のスーパーがマニュアルなどで統一して同じ方式でやっているのとは違って、ここでは店舗ごとに異なります。それはその店舗で働くパートタイマー…当社ではパートナーと呼んでいる…の皆さんが各々の知恵と工夫で売り場の構成を考え、お客様が魅力を感じ、喜んでもらえるよう商品が生き生きと輝くような陳列を独自に行うやり方をとっています。そのことがまた、そこで働く人たちのやりがいを生み出すということになります。店内や商品のディスプレーにこうした工夫を凝らすことから、店舗自体「アミューズメントパーク」と称されます。

お客様からのクレームや要望のみならず、お褒めの言葉なども店内に置かれた用紙に記入できるようになっています。「お叱り」「お褒め」「ご要望」がこれです。そして記入されたものに対しては、店長が逐一これからの対策や感想を記入したものが署名入りで貼り出されていて、誰でも見ることができます。その内容は千差万別で、「○○売り場のSさんの懇切丁寧な対応がとても嬉しかったです」、「果物○○を買ったが美味しくなかった」といったものなどを目にしました。ですから、これを見るとその店舗の状況が手に取るように分かりますし、当社では「お客様の声」は「宝の山」だとして取り扱われています。

このような実態から一番に印象づけられたのは、パートさんが、言ってみれば最強の戦力といってよいほど協力し合える職場をつくり、現場を支えているということです。その根底には自分が考え、思ったことが表現できるということが仕事の面白さを生むという、当たり前のことが実践されているということです。加治社長もパート社員は組織の「末端」ではなく「最先端」にいる社員だと表現されています。

ハローデイが最終的に目指しているものは「日本一働きたい会社」をつくるということです。加治社長も、そうなるための道のりはまだ遠いと述べられていますが、従業員が輝き、お客様に喜んでもらえる経営を目指すことで、絶対につぶれない会社にするとの決意を持たれているのです。

当社の組織図を見てみますと、一般の会社とはかなり違っています。一番上にお客様・お取引先様があり、次に核店舗（店長）、その下に地域ブロックがあり各部門が横並びでこれに続きます。その下が代表取締役、取締役となり、株主総会が一番下に位置しています。この組織図はいかにお客様を第一に考えているかを表現したものとなっています。

現在店舗は福岡県三十七店舗を中心に山口県、熊本県を含め四十三店舗が展開されています。予測される益々厳しい業界の環境において今後どのように成長していくのか、課題はつきないわけですが、「お客様の声」を大切に、また「寝ても覚めても新たな試み」に挑戦していく姿勢があれば、更なる成長が期待できるものと思われます。

以上、顧客視点に立ついくつかの事例を述べてきました。これらの事例から得られるものは、突き詰めればお客様の心からの喜びと満足度を追求し、単なる差別化ではない、その企業ならではの独自性を持つということがいかに大切かということです。これが、これからの顧客対応の中心課題だということを理解していただければと思います。

第4章

楽にする第二の法則「技その二」
：全方位で対応する

一、全方位お客様の観点に立つ

経営者として適切な市場対応を行うということは、経営を取り巻くあらゆるものに対して、どのような関係性を構築するかという課題を解決していくことに他ならないと考えます。

これまで概ね顧客中心に述べてきましたが、経営者を取り巻く内外の関係性の深いものには、顧客の他取引先や金融機関、それに従業員があります。この他にも行政機関、諸団体、地域社会など多岐にわたります。

取引先については特に原材料や商品の仕入れ先、そして運送業者との関係が重要です。

顧客に対してはそれこそ「顧客第一」のスローガンのもと、取引の各面について齟齬を来さないよう注意を払い、対応しているのが一般的な姿といえますが、仕入れ先や運送業者など、こちら側が優位に立つ関係の場合にはややもするとその対応が自己本位になってしまいます。

ある運送会社の事例です。この会社は大手の家電量販店との取引において、物流センターからの商品の搬出を請け負い、トラック輸送を行っています。その際の日常的な問題は家電量販店の物流センターにおける待機時間の多さです。先方からの明確な出荷時間の指示がないため、いつでも対応できるよう早くからそこに待機していることから、トラックと運転者のアイドルタイムが大きく、トラック稼働率の低下と従業員の拘束時間の増大による残業時間の膨張をもたらしているわけです。

このような状態に対して運送会社の社長は発注先へたびたび改善方を申し入れしていますが、これが一向に改善されない状態が続いています。発注者である家電量販店では何の痛みも感じていないようです。自社の方が取引における力関係において圧倒的に優位にあることから、悪条件の押し付けのかたちになっているのです。これに加えてコストダウン要求は当たり前のように出されてくるのです。

こうした状態はいろんな取引関係においてもよく見られることですが、決して望ましいものではありません。

第一に、発注先にはすべての取引先とよい関係を持つべきだという理念、考え方が見えません。取引先もまたお客様の一人であるということを忘れています。よくないことは悪い評判として伝わっていくものですし、経営のマイナス要因となります。次には発注先が緊急に対応しなければならない事態が発生した時に、快い協力は得られないこととなります。ですからこのような状態はお互いの話し合いの中で解決策を見出し、双方がメリットを生み出せるような協力関係を構築する必要があります。

実は、かくいう筆者も発送運賃に関わるコスト低減の過程でいまの事例と似たような状況を経験しています。段ボール工場において生産面の管理者に就任した時の話です。どちらかというと利幅の小さい段ボール製品のコスト低減、とりわけ発送運賃の低減は大きな課題でありました。その時の状態は、いまから考えると生産の体制、とりわけ工程管理に大きな問題を抱えていました。製品の生産工程は組んでいるものの、出荷すべき当該製品がいつできるかははっきりしていなかったのです。生産の順序は決めています。しかし何が何時何分にできるかは、工程の進み具合によるといった有様でした。

A製品の出荷については運送会社にその出荷依頼書（品目、数量、納入先記載）を発行し、トラックの手配をしてもらいます。その際、トラックの運転者はその製品がいつできるかがはっきりしないため、早くから工場に来て、なおかつ工場に立ち入り、最終工程設備の機長にいつごろできあがるのかを聞いていたのです。会社としてもそんな習慣を認めていたというわけです。このような状態は一刻も早く改善する必要があると思い、改善に着手しました。

これには手間はかかったのですが、やってみると意外に簡単に解決できました。まず、すべての生産品目の型式別タイプ分けによる準備時間の設定を行いました。準備時間というのは生産数量にかかわらず一定の時間を要しますので、いわば一次方程式の定数に当ります。次いで、これまでの実績から1ケース当たりの製造リードタイムを割出し、単位標準時間として設定できました。そうすると、あとは簡単です。$y=ax+b$、所要時間＝数量×単位時間＋準備時間となります。

工程表はエクセルを利用して作成し、○○製品は何時何分にでき上がるかが明確になりました。これにより、出荷時間を明確に伝えることができるようになりました。この改善が運送会社との関係改善に役立ち、結果として大きなコスト削減につながりました。このように、改善意欲を強く持って実行することで道は開けることを実感しています。また、やればできることを放置してきたことにも反省させられたものです。

二、人を活かす…重要な人材育成

さて、取引先と並んで従業員に対してどのような思いや姿勢で対応していくのかは重要な問題です。理念の構築の際、この理念には人に対する思いが含まれ、これが前提となって人事理念が設定される旨の説明をしました。ここでは人事理念を更に掘り下げ、理念に続く人事戦略と具体的な施策のあり方について述べていきます。

まず、理念によって「わが組織は人をどう活かすか」の方向性が示されるものとします。会社であれば、わが社で必要とされる人材はどんな人であるべきかという「求めるべき人材像」というものが明確にされる必要があります。これにより、現社員はもとより、新入社員も含めた人材育成の方向性が定まります。次の段階として、会社にふさわしい人事制度の構築をどのようにするのかという課題に対応することとなります。

ここで考えておきたいことは、古くから「企業は人なり」といわれ、現在では「企業力=人材力」との考え方が広く理解されている、まさに人が企業の存立を左右しているということの経営に及ぼす影響の大きさです。そのことからも、現在の人事・労務のあり方及びこれに伴う人事制度が本当に求められる姿と適合しているのかどうか、改めて検証してみる必要があるということです。その第一が、これからの人事・賃金制度のあり方です。

企業の望ましいあり方として、「すべての従業員の幸せをつくる」ということと、「従業員満足」を第一に考えるということがあります。その実現のためには、何よりも従業員が成長し、これと一体化した形で会社の業績が伸びていくといった姿をつくる人事システムの構築が必要になります。言い換えれば従業員のモラールアップ、レベルアップと業績アップに役立つ制度構築が望まれるということです。

私は、在勤中に大変苦労して人事・賃金制度を改革した経験を持っています。そこでの経験を通して、時代の変遷と人事制度の対応関係について貴重なものを得ました。この経験をもとにいろんな人事制度を研究する中に、これからの人事・賃金制度のあり方を追求して時代に適合する制度を構築された賃金総研（本部広島市、鬼木春夫氏）の考え方とその具体化方法に賛同して、これに加盟をしています。そこで核となる考え方は人事・賃金制度は従業員の管理ツールではないということです。従業員の育成と成長に役立つものであり、従業員自身がそのやり方に納得し、自分の業務目標の達成にチャレンジしていける体制が必要です。

その内容を象徴的に表しているのが、「評価」と「処遇」と「育成」の三位一体化ということです。評価は単に従業員の働きを査定するといった目的で行うのではなく、適正な評価を行ってそれを納得性のある制度で処遇に反映させる、評価はまた同時にその従業員の育成に活用していくといったものです。このことは当たり前のように聞こえますが、多くの企業の実態は、この三要素がばらばらであるか、もしくはかみ合っていないといったことになっています。そのような従業員にとっても不都合な状態を積極的に変えてゆき、組織の体制を活性化するのが狙いです。

この三位一体化においての起点となる評価は重要ですので、考えるべき点を述べることとします。まず評価が適切でない場合の影響として、①処遇への反映が正しくなされない②育成への活用が正しくなされない③従業員の納得性を損ない、モラール・ダウンにつながる…が挙げられます。そして適切な考課を行うにあたっては、考課の役割を正しく認識することです。

評価を考えるにあたっては、次のようなことが前提となります。

①企業理念…人事理念は明確になっているか

②求めるべき人材像…わが社はどんな人材を求めているか
③会社の目標は明確になっているか
④各人の役割・ミッションは明確になっているか…階層別の評価基準の設定
⑤部下育成を目標に加えているか
⑥考課者訓練により、正しい評価のあり方習得に努めているか

これからの人事考課は、単に結果を査定するのではなく、人の育成に役立てるために行うということ。そのためにはできるだけ適正な考課が行えるよう、日頃の観察、支援、指導が必要であること、そして何といっても、評価者が部下や後進の育成に対して、意欲や情熱を以ってこれにあたることをしっかり認識して制度設計や運用を考えることです。

次に人事制度の核となるのが資格等級制度です（賃金総研では七等級制）。この資格等級ごとに役割責任と業務レベルを設定し、これを基準にして、評価、処遇、育成を行っていく体制をつくります。

人事・賃金制度の再構築

■いま望まれる人事制度

→やったらやっただけ報われる。

→能力や働きが公正にキチンと評価される。

→給料・賞与制度、昇格制度などが公開され、よく分かる。

→結果だけでなく、プロセスを大切にする。

→自分の成長、キャリアアップを支援してくれる。

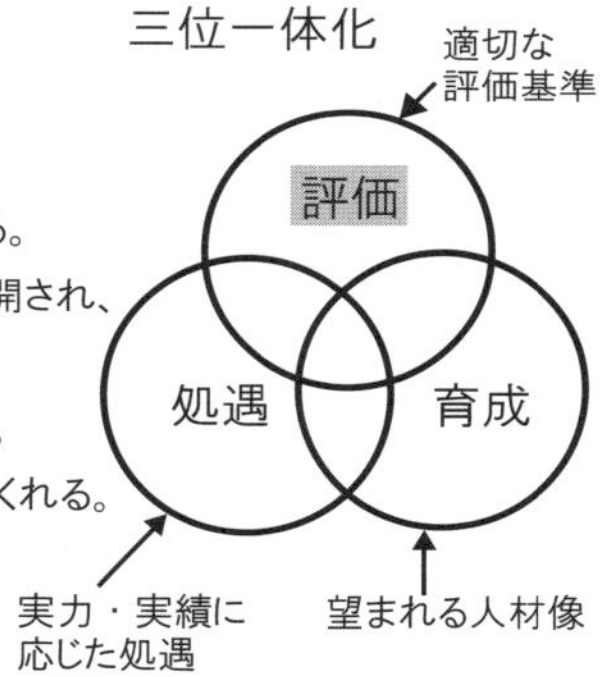

ここではその詳細は省きますが、要は会社の人事・賃金制度のあり方については人事理念に沿ってどのようなものが望ましいかを追求する姿勢が重要だということです。

さて、翻ってこれから人事・賃金制度のあり方を変革していくためには、現状がどういう実態であり、どこに問題が存在しているかを把握することから始める必要があります。その上で何が課題であるかを抽出、設定し、あるべき姿に到達するための改革の狙いを定め、最後に改善策として確定させます。そのあとは実行計画をつくり、実行の責任体制を定めて実施に移していきます。

現状の把握からスタートし、改善策につなぐまでのやり方があります。このやり方はいろんなテーマに適用できますが、ここでは「人事改革企画構想図」として一つの事例を掲げておきます。この事例を手にする利点は、これを自社の実態と比較して、事例にある余分なもの、必要ない者を削除し、逆に不足しているものの、必要なものを追加すれば、この表が完成することになります。勿論、ゼロスタートで作成できればそれがベストでしょう。

その結果、必要な改善策が確定できましたら、優先順位を決め、実行に移すことです。必要なことは、計画は立てたが実行ができなかったということのないように、場合によっては専門家の支援を得てでも実現を目指すということです。従

【人事改革企画構想図】　**人事改革の必要性（チェックリスト）事例**

	現　状
1	企業理念と行動の乖離
2	人事の硬直化傾向
3	社員の平均年齢40歳を超えている
4	人材育成の遅れ
5	熟練技術の継承不備
6	人事制度不備、特に評価基準が不明確
7	資格と処遇の不適切

外部要因		
	1	顧客のコストダウン要請
	2	定昇、ベアへの要求・人件費負担の増加
	3	情報化の急速な進展
	4	業界優劣よりも企業間格差の時代
	5	価格観重視の経営へ

課題		
	1	企業理念見直しの必要性（特に人の成長への視点について）
	2	実力主義賃金体系の検討活用
	3	関連して人事評価制度の問題点検討
	4	適応人材の採用・育成
	5	組織風土活性化への課題検討
	6	管理職の意識統一～特に部下育成について
	7	社内業務の見直しと情報化

内部要因		
	1	外部の変化に対し、幹部の意識に遅れ
	2	教育・訓練の不足
	3	制度変革に対する消極的な姿勢
	4	重要課題先送りの傾向
	5	改革への決断の遅れ

	改善の狙い
1	理念の共有化と行動指針設定へ
2	人事制度の刷新
3	評価基準の明確化
4	市場適合型人材育成
5	小集団活動の推進
6	管理職の意識改革・ベクトル合わせ
7	情報の有効活用

	改　善　策
1	企業理念の再構築（理念推進委員会設定）
2	人事・賃金制度の再構築
3	人事評価制度（基準）再構築
4	全社教育・訓練体系の設定
5	5S活動の全社的推進
6	管理者育成の重点化施策の実施（管理者研修強化）
7	人事情報システム構築

人材育成のフレームワーク

■人材育成体系の一元化

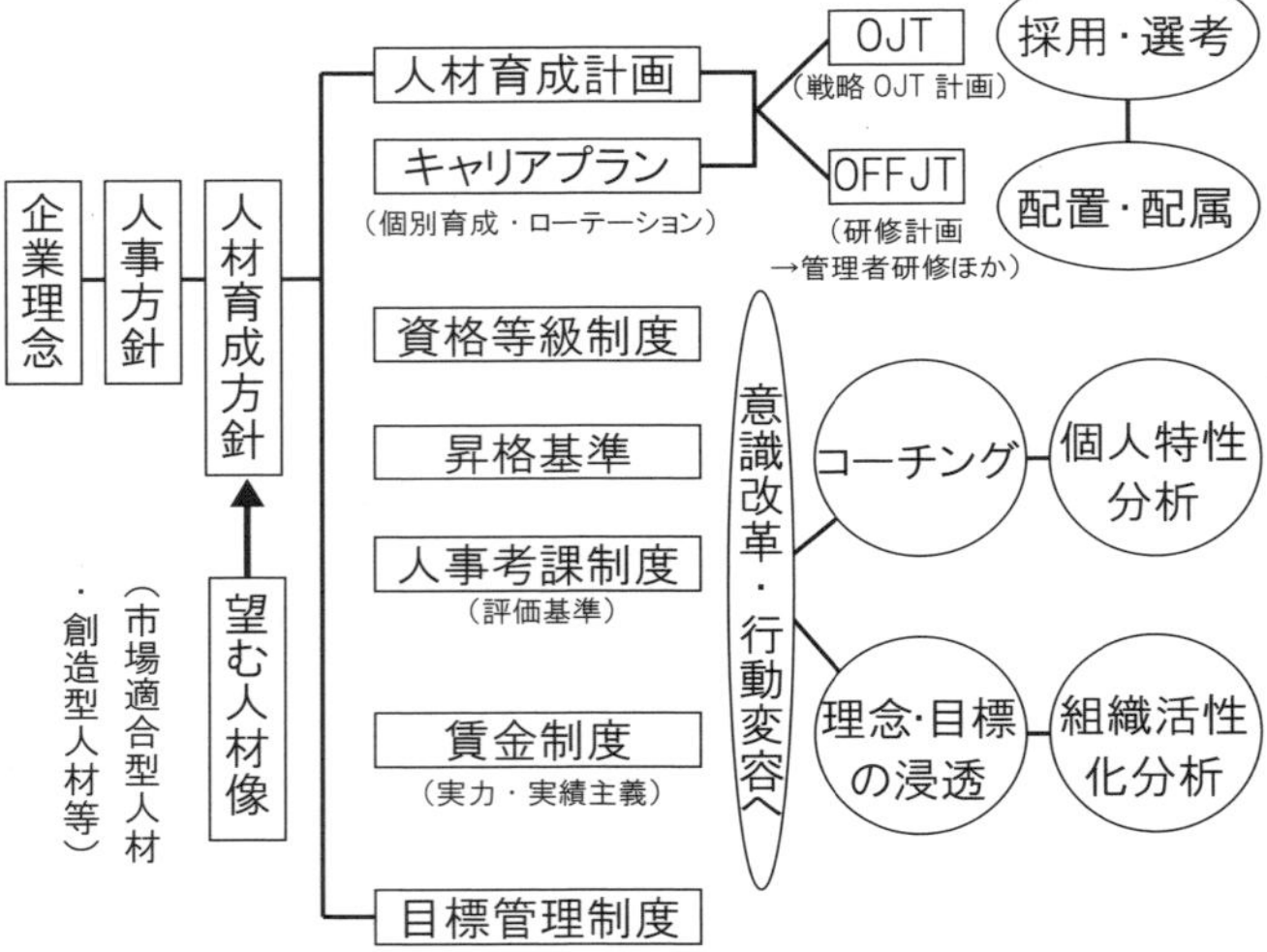

業員も人事に対する会社の取り組みには強い関心を持っていると考えるべきです。人材育成に対しての強い経営基盤をつくるための投資も場合によっては必要になることを認識していただきたいと思います。

三、欠かせない中長期の視点

経営活動は成り行きにまかせるのではなく、計画的に進めることが一番です。人はだれでも目標を定め、それをどのように達成するのかの計画を持つことによって事業の進めを具体化できるものです。単に願望を持っているだけではことは進みません。そしてこの計画というものは目の先だけを見るのではなく、三年後は売上高五千万円、利益五百万円を目指すというように中長期の視点で設定します。計画は売上、利益だけではありません。これを実現するための経営戦略、スケジュールを伴った実行計画、要員計画、資金計画なども必要です。

経営者の皆さんの多くは既にこの中期事業計画を目にしているはずです。なぜなら資金の調達時に日本政策金融公庫の場合は必ず、他の金融機関の場合もこの事業計画の提出を求められることが多いからです。自分で苦労されたり、支援者の力を借りたりしながら作成されたものを出されたはずです。これを活用しない手はありません。でも、残念ながら大半の方が資金の調達が終わればもうことは済んだとばかりに、この計画書を反古にしています。本来事業計画書は、他者からの要求によるのでなく、自社の経営のために必要なものなのです。

ここでなぜこれが必要であるのかを考えてみます。基本となる考え方はマネジメントサイクルといわれるもので、ＰＬＡＮ（計画）↓ＤＯ（実施）↓ＣＨＥＣＫ（チェック）↓ＡＣＴＩＯＮ（改善）の一連の過程から成り立っています。これを略してＰＤＣＡといっています。まず計画を立て、次いで実施する、そしてその結果を確認し、課題があれば改善行動を取る。そしてまた次の計画につないでいくというものです。マネジメントというのは繰り返してこれを行うこととされています。

管理活動というものはそもそも計画というものがなくては始まらないといっているわけです。この計画によってこれを達成するための活動を行い、その結果を確認して問題点を見つけ、改善を行っていくという一連の流れです。経営活動もこのようなスタイルで行うことが求められるのであり、事業計画がその第一歩とされるのです。

事業計画は長期、中期、単年度といった期間の区分がなされています。長期は十年程度を指し、中期は三〜五年と見られます。環境変化の激しいいまの時代には、十年というのは目標設定としては可能ですが、計画となると現実的ではありません。中期の場合でも、いまは三年というのが一般的です。なおかつ変化に対応するため、この三年計画を毎年作成する企業が多いのです。そして三年計画の一年目が当年度計画のベースとなります。

常に前を見据えながら内容を更新するこの計画を、ローリングプランといっています。このやり方を実行するならば、手元の計画は常に最新で現実に即したものとなり、実行がしやすいという利点があります。計画を作成するということを習慣づけるためにも、このローリングプランの作成をお勧めしたいと思います。

計画の作成にはこの他に多くのメリットがあります。一つは計画と実績を対比することにより、経営の課題を抽出できるのと合わせ、計画自体の問題点も明らかになり、年々その精度を高めていくことができます。その結果、計画が作成さ

BSCの観点からの戦略設定

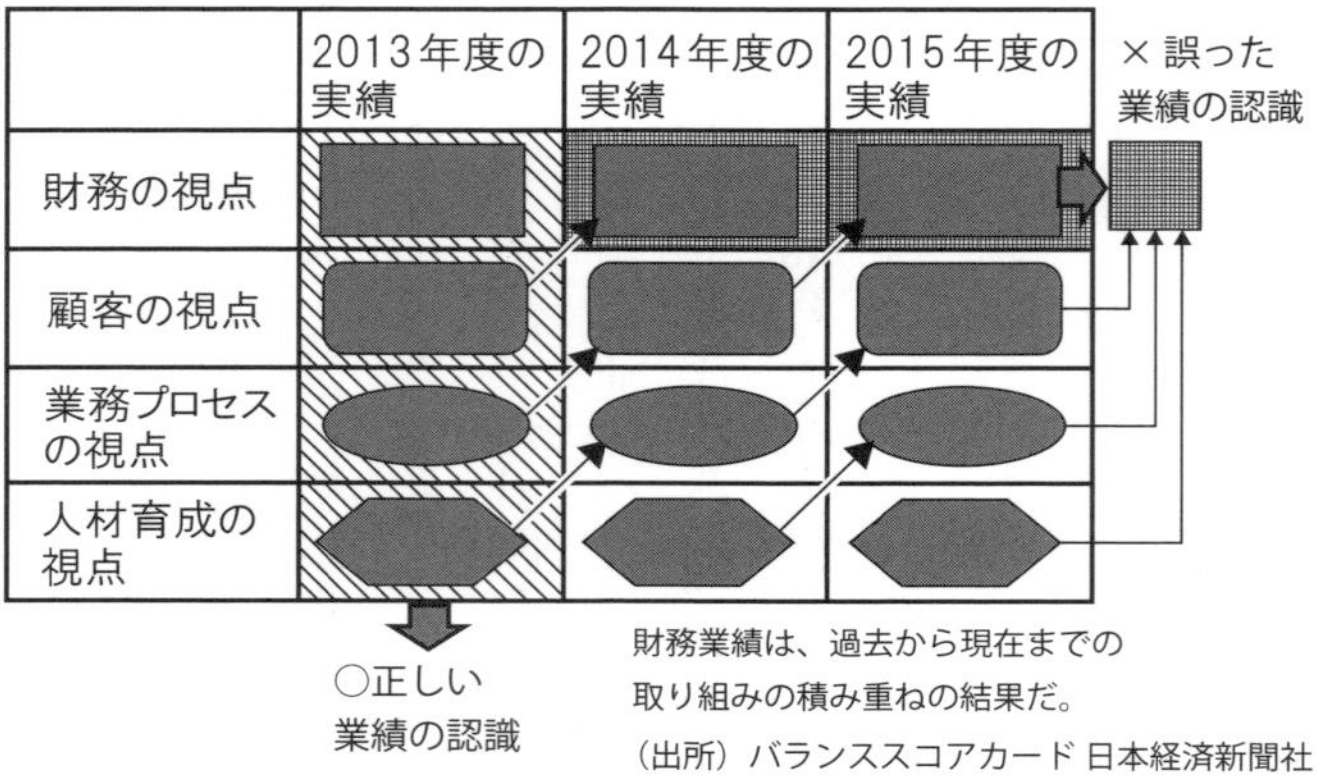

財務業績は、過去から現在までの取り組みの積み重ねの結果だ。
（出所）バランススコアカード 日本経済新聞社

れた時点でその期の業績がかなり正確に予測できるようになり、このことがまた必要な改善を加えることに役立ちます。

中期的な視点に立つということは、先々の目標の達成に対して、いま何をなすべきかを考え、それを計画化するのに大きな力を持ちます。このことを示すものにバランス・スコアカード（ＢＳＣ）というものがあります。これは１９９２年に米国で提唱され、以来多くの企業で活用されているものです。その骨子は、企業の業績は財務の数値で表されたもののみで判断するのは誤りだというもので、財務以外の視点から経営を見つめ、将来に向けての戦略を立て、実行していく必要があるといっています。

図に示されているように、経営戦略を考える視点として「財務の視点」の他に「顧客の視点」「業務プロセスの視点」「人材育成の視点」が挙げられています。顧客の視点からのマーケットの開拓や、業務プロセスの視点からの業務改善、制度改革や、人材育成の視点による人材育成が現在どのような進捗レベルにあるのかを把握することが必要だ、財務の実績だけで判断すると業績の実態把握を誤ることになるということです。

確かに人の育成一つを見ましても、時間がかかることは明白です。問題はそれが現在どの程度進捗しており、着々と成果を挙げつつあるかが問題です。中期事業計画を策定する過程で、このような視点から戦略を考えることには大きな意義があります。こうして見ますと中期事業計画策定は経営にとって欠くことのできないものだといっても過言ではありません。是非取り組んでいただきたいと思います。筆者も自分の体験を通じ、目標の設定とその実現のための戦略展開計画を持つことが実行を後押ししてくれること、軌道修正が必要な場合も計画を通じてこれを明確にできることなど、それこそ計画は楽な経営実現の要になるものだということを実感しています。

次に、中期経営計画策定のプロセスと題する図を掲げておきます。これにより、中期事業計画を作成する場合の必要事項と手順を示します。

中期経営計画策定のプロセス

■企業理念の確認

・存在意義の明確化
・目的・役割使命
・人事・育成理念
・行動指針の設定と組織末端までの浸透

■中期経営計画編成方針（事例）

1. 環境変化に適応する中期計画を作成する。
2. 企業体質の変革を意図した中期計画を作成する。
3. 事業構造の変革を計画的に推進するための中期計画を作成する。
4. 組織活性化を意図した中期計画を作成する。
5. 不測の事態に即応できるような中期計画を作成する。
（コンティンジェンシープランの作成）

■SWOT分析→戦略課題の抽出

強み	Strengths	
弱み	Weakness	
機会	Opportunity	
脅威	Threats	

⇨ クロスSWOT分析へ

●外部環境分析

1. 市場の動向分析
・業界全体の動き
・各地域の動き
・事業別市場動向
2. 競合者の動向分析
・経営戦略の動向
3. 顧客の動向分析
・ニーズの変化
4. チャネルの動向分析

●企業力の評価

1. 企業理念の浸透
2. 商品・事業力の評価
3. マーケティング能力の評価
4. 業績の評価
5. 人的パワーの評価
6. 物資資源の評価
7. 組織力の評価
8. 資金力の評価
9. 競争力の評価
（コア・コンピタンス）

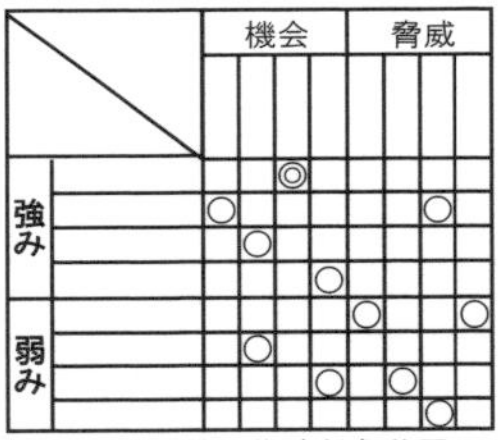

◎、○重要な戦略対象分野

⇩

経営戦略課題の抽出

⇩

重点戦略課題の設定

解決への方策・実施案

■戦略の評価、優先順位・目標の明確化

●全社中期重点戦略	実施項目	期	期	期
・基本方針…　・目標達成…売上、利益	1			
・重点戦略	2			
1	3			
2	4			
3	5			

■中期経営計画の作成

●中期経営計画の作成
・企業理念、行動指針
・中期経営方針
・中期経営目標
・新事業・製品開発方針
・マーケティング計画
・販売計画
・購買・生産計画
・組織活性化計画
・組織計画
・要員・人件費計画
・教育・訓練計画
・設備投資計画
・財務計画

⇨

見積損益計算書
見積貸借対照表
資金計画表

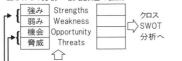

【作成手順の要約】

①企業理念の確認…構築又は再構築が必要な場合にはその作業を行う。

②計画の編成方針を定める…図示したものは重点の異なる各種のものを例示。

③SWOT分析…自社の「強み」「弱み」、外部環境を見ての「機会」「脅威」を探る。

④クロスSWOT分析…強み、弱みと機会、脅威を対比させ、対応関係を探る。ポイントは自社の強みを市場の機会に対応させ、攻める戦略を構築することを最重点とすること。

⑤経営戦略課題の抽出…中長期の視点から自社の戦略課題を抽出する。

⑥重点戦略課題の設定…抽出した課題を検討し、重要度・優先度を検討して設定する。

⑦課題の目標設定と戦略展開…三年後に達成すべき目標を設定し、これを実現するための年度ごとの戦略を定める。

⑧中期事業計画書の作成…計画書に企業理念、行動指針をはじめとして中期経営方針と目標、組織体制、開発計画、生産・販売計画、要員・人件費計画、設備投

資計画、資金計画などを作成する。
⑨見積損益計算書・見積貸借対照表・資金計画表…最終的な必要資料として作成する。
この他にも企業・組織の重点方針に対応し、人材育成計画なども加えることが望まれます。

第5章

楽にする第三の法則「体その一」
……財務感覚をつくる

一、強い体質づくりに欠かせないもの

「はじめに」でも触れましたが、過去に遭遇したことをお話しします。ある講演会で技術開発に熱心な社長の講演を聞き、その熱心な取り組みに感銘を覚えて帰ってきました。それから2週間あまり経った時に、驚いたことにその会社が倒産したのです。

細かい事情の有無はともかくとして、この社長は講演当時に会社の危機を把握していなかったとしか思えません。講演などしている場合ではなかったのです。技術に堪能な社長はややもすると関心が自分の好きなことに偏り、全体を見通すバランス感覚に欠けるきらいがあります。ですから、そこは自覚して、財務に強い社員を育成するなどの手を打つ必要があるのです。

ホンダの創始者である本田宗一郎氏は誰しも認める技術志向の人ですが、本田技研工業を設立した翌年には藤枝武夫氏を常務として迎い入れ、財務、販売を任

せています。藤枝氏はこの期待に応え、ホンダの基盤をつくりあげました。このように自分にないものを補って経営を軌道にのせていくとは、本田宗一郎氏はやはり並みの経営者ではありません。また藤枝氏も実質的には社長の仕事を行いながらも終始本田氏を表に立てて経営を盛り上げた人として知られています。

多くの企業の経営者、幹部と集中的に面談する機会がありました。もう以前の話ですが、政府の施策として行われた第一次の金融機関の中小企業への貸し渋り対策としての認定作業です。中小企業の状況を聞き、一定の条件にあてはまると認定することで信用保証協会の保証を得ることによって、金融機関の融資を可能にするというものです。

延べ600社に近い面談の結果は、ほんの一部を除きひどいものでした。経営者でありながら決算書などの財務諸表に関心が薄く、自社の財務状況を的確に把握できていませんでした。決算書も税理士まかせが多く、月次決算によって月々の実績を見ながら経営をしているというケースはまれでした。しかしこの時の認定要件は甘く、結果として企業の延命策となったことはご承知の通りです。

融資を受けて苦境を打開し、成長していくことができればこの施策の本来の目的は達せられるわけですが、残念ながらそうなったのは数少ないというのが実感です。人間でもそうですが、輸血によって延命しても、病因を明らかにし、治療して強い体質にならなければまた危機的な状況に陥り、倒れるのは自明のことです。

このように見てきますと、事業経営と財務は切っても切れない関係にあることが分かります。財務面においては特に資金体質の状態が重要ポイントであり、その良否が明暗を分けることとなります。経営者は自分の得手不得手にかかわらず財務に関心を持って常に自社の財務状況を把握し、必要な対策を取らなければならないといえます。営業、生産、技術開発などは経営にとって重要な要素ではありますが、財務の視点が欠けているとこれは致命傷になるといっても過言ではありません。

二、貸借対照表（B／S…バランスシート）を理解する

経営環境の厳しい状況にあっては、売上の確保、これに伴う利益の確保といった損益面の事項に経営者の関心が向けられています。また財務諸表の中でも損益を表す損益計算書については財務の苦手な経営者といえども比較的関心が高く、まずよく見られているといえます。また損益は売上高を筆頭に上から見て利益の段階が理解しやすい構造となっています。一方の貸借対照表はその表示が右と左、すなわち借方と貸方に分けられています。

その意味するところは会計の素養のある人は理解しており、この説明を聞いてもいまさらという感を持たれるところでしょう。しかし、経営者でありながらこれを理解していない人が多いという現実があります。そういった方は是非ともB／Sを理解していただき、これがどのように自社の財務体質を表しているのかを把握してほしいと思います。

ここで考えていただきたいことがあります。そもそも企業の一番最初の活動はどんなものでしょうか。商品の仕入れでしょうか、最初の売上でしょうか。お分かりの方には幼稚な質問となりますが、案外これを理解しておられない方が多いのです。そう、一番最初の取引は仕入れでも売上でもありません。資金の元入れかあるいは他からの借り入れです。これが事業開始日の貸借対照表となります。最初は損益計算ではなく、資産とこれに対応する資本若しくは負債（またはこの双方）の形成ということです。

いまの事例でお分かりのようにスタートはB／Sなのです。営業活動の終わった時点での姿もまたB／Sに表わされます。ですから、どんな企業でありたいかということは企業活動の一定期間終了後のB／Sをどんな形にしたいかということに他なりません。B／Sこそが企業の体質を如実に表すこととなるわけです。このように企業の財務についてはB／Sの理解をぜひとも自分のものとしていただきたいと願うところです。

ではB／Sの形成についてお話しします。先ほどの事業活動の最初の取引といわれるものはB／Sの生成です。この仕訳は【借方】現預金　【貸方】資本金又は借入金、もしくはこの双方となります。ここでB／Sの貸方は資金を使って形成された資産の状況を表しています。一方の貸方はその資産を賄っている資金の源泉、すなわち資金をどのように調達してきたかを表しています。ですから、簡単にいえば借方は資金の運用、貸方は資金の調達だということです。

次ページにB／Sの事例を掲げました。これをよく見ることでその構造を頭に入れていただきたいと思います。B／Sはある一定時点の状態を写真で撮ったものと理解すればよく、一定期間の経営活動の結果としての姿を表しています。借方は資金を運用した結果の状態を示し、貸方はそれに要した資金の出所を示します。強い体質だといわれるのは貸方に占める自己資本の比率が高く、他人資本である負債の割合が小さい状態を指します。一般の判断基準としては、自己資本のウエイトを示す自己資本比率が少なくとも40％以上であることが望ましいとされます。

後でも触れますが、総資産の効率化圧縮を図り、ムダな資産を減らすことで負債が減り、体質は改善されるということが重要な視点として挙げられます。

企業には個性があり、目指すべき姿もいろいろですが、このB／Sによる強い体質づくりを究極の目標にしている会社があります。UBI株式会社（不動産・ファイナンス、東京都千代田区、取締役会長木村勝男）は、

1. 貸借対照表

■バランスシートは一定時点の財務構成を示す。
バランスシートの右側の負債・資本は資金の調達方法（源泉）、左側の資産は資金の運用状態を示す。

貸借対照表

A社の事例

平成○年○月○日　（百万円）

資産の部		負債の部	
流動資産	128	流動負債	71
		固定負債	16
		負債の部合計	87
		純資産の部	
固定資産	150	株主資本	191
		純資産の部合計	191
資産の部合計	278	負債及び純資産の部合計	278

短期に返済する負債（流動負債 71）

③他人資本を見る

長期利用可（固定負債 16）

②自己資本をつかむ
返済不要の資本（株主資本 191）

①総資本を見る

④資金が回流する営業資産をつかむ

⑤設備等資金が固定化する投資を見る

バブルの崩壊（1991〜1993頃）によって二三〇億円もの負債を抱え、その立て直しに苦労したことを契機に経営のあり方を大きく変えた企業です。この時に、それまでのP／L中心からB／S中心の経営に切り替えたわけです。

その理由として木村会長は、「P／L中心では目先しか見ないのに対し、B／Sの望ましいあり方を志向する経営は中長期の視点から体質の強化を考える。また多くの企業にあって大半の経営がP／L志向であるのに対し、数的には少ないものの、非常に優秀な会社はB／S中心の経営を行っている」「経営はP／L型経営とB／S型経営に分けることができるが、B／S型の経営こそが強くてよい会社をつくることができる」とされています。

特に当社の特長として挙げられるのは、社員がB／S志向の方針を共有し、皆で将来のB／Sの目標を達成することに夢を持って取り組んでいることです。B／Sの自己資本は個人でいえばその預金に相当するという感覚で、一人当たりの自己資本の額の増大が達成すべき目標になっています。更には、一人当たりの指標であれば、規模は小さくても大企業を超えることが可能であるとして、トヨタ自動車を追い抜く目標を設定し、現実にこれを達成したという快挙を成し遂げました。この指標は「一人当たりの自己資本」「一人当たりの経常利益」「一人当たりの人件費」であり、これらについてトヨタを上回ったということで、更なる上を目指して取り組みがなされています。

このような事例からも強い体質づくりにおけるB／S志向の重要性ということを理解していただけたと思います。なお、この強い体質を目指す経営はあらゆる改善を積み上げていくことが重要となります。この改善の結果が最終的にB／Sに反映されるというように考えるべきなのです。

改善には様々なものがあることは周知のことですが、望まれるのは、改善の有効な考え方とこれに伴うやり方について、業界の慣習に捉われることなく、業界の壁を乗り越えて活用するということです。たとえば製造業におけるものづくりにおいてのムダ排除の考え方や5S活動による現場の改善は、あらゆる業界でその活用が可能です。いや、可能というよりもこれまでやっていなかったものの活用は、場合によっては絶大な効果を生み出すということに注目すべきです。特に改善が遅れているといわれる小売業、サービス業、病院や介護施設などは、中には先進的な改善活動を行っているところもあるとはいえ、多くは潜在的な改善課題が山のようにあると考えて間違いのないところです。

三、損益計算書（P／L…プロフィットアンドロスシート）がB／Sをつくる

財務におけるB／Sの重要性について述べてきましたが、では損益計算書はどうでしょうか。B／Sほど重要ではないと思われたとすれば、それは間違いです。B／S以上に重要といっても過言ではありません。なぜならばこのP／LがB／Sのあり方を左右するというのが理由です。P／Lは一定期間の損益状況を表し、事業の収益性を端的に物語ってくれます。事業の収益性に問題があれば、いくらよいB／Sを形成しようとしてもできないという話になります。ですからこのP／Lの構造は充分に検討しなくてはなりません。

よいB／Sづくりには二つの観点があります。一つはP／Lに表わされる事業

の収益性は充分確保される状況であるかどうかです。利益のあがりにくい体質、更には赤字体質という状況では、利益を内部に留保することはできません。資金不足を招き、対外負債が増加してしまうことから自己資本の脆弱な体質、構造にならざるを得ません。この場合は利益構造をどのように変革してゆくかが最大の課題となります。

今一つの観点は、利益は確保できているものの、それが将来に役立てられるウエイトが小さく、株主配当や役員賞与といったところの社外流出が過大となり、経営体質の改善につながっていないという場合です。このような場合には、将来のB／Sの構造をどのようにするのかの目標をしっかりと決め、方針の転換を図らなければならないと言えます。

次に参考までに企業再生についてお話しします。企業が倒産あるいは倒産に瀕している場合に、企業再生支援機構など国の支援によって企業再生支援が行われています。その場合にまず問題となるのは、B／Sの構造です。まずは資産負債の洗い直し（デューデリジェンスという）が行われます。通常は自己資本が過小もしくは債務超過の状態であることから、まずは負債の切り捨て、金融機関に対する返済の繰り延べ（リスケといわれている）などの対策により、B／Sの構造を大幅に改善することを最優先で行います。このことは企業再生の手段として必要であることは間違いありません。

問題はそのあとです。B／Sの改善のみに止まっていては将来の維持発展は覚束ないものとなります。B／Sの改善はまさに一時的なものに過ぎません。その後の経営で経営者が変わることもなく、企業理念の再構築、戦略の再編もなく、構成員の意識や働きぶりにもさしたる変化がないとすれば、恐らく事態は変わることなく、再び破たんへの道を歩むこととなるでしょう。本当に重要なのはB／Sの切り貼りではなく、実態の改革によるP／Lの改革だといえるのです。このことをよく認識していただきたいのです。

P／Lの見方の重点は、何といっても収益性の状態です。これは売上高に対応する各段階の利益によって表されます。図で示されているように、売上総利益、

2. 損益計算書

■損益計算書は、一定期間の活動成果を示す。

損 益 計 算 書

A社（平成○年○月○日～平成○年○月○日）

（百万円）

売　　上　　高	593	稼ぎの大きさを見る
売　上　原　価	470	
売 上 総 利 益	123	利益①…粗利益を見る
販売費及び一般管理費	112	
営　業　利　益	11	利益②…営業成果をつかむ
営 業 外 収 益	5	
営 業 外 費 用	6	
経　常　利　益	10	利益③事業の儲けをつかむ
特　別　損　失	2	
税引前当期利益	12	利益④…最終的な営業成果を見る
法人税等充当額	6	
当 期 純 利 益	6	利益⑤…当期の最終利益を見る

営業利益、経常利益、税引前当期利益、そして当期純利益です。P／LがB／Sをつくるというのは経営活動におけるこの収益性の良否が活動の結果としてのB／Sを左右する大きな要因であるということです。

この収益性の改善は現状を的確に把握することから始まります。マーケット自体が拡大状況にあり、売上高の拡大が望める場合には、その可能性を商圏分析などの活用により検討することとなります。並行して後述の限界利益の拡大策、固定費の圧縮も必要です。しかし一般的な状況であるともいえるマーケットサイズが縮小傾向にある場合や、飽和状態だと判断される中では、まず固定費の削減を考え、次いで限界利益の改善による採算性の向上を図ります。

一方、自社が他に優れたコア・コンピタンスを有し、その競争力が十分に発揮されていないケースにおいては、新たな製品戦略や市場戦略の構築を検討し、局面の打開を図ることも重要課題となります。このような努力によってP／Lの改善が果たされれば、その結果として次に示す図の通り、B／Sの改善が実現することとなります。

B/SとP/Lの関係概念図

●9 期のP/Lが 9 期末のB/Sをつくり、
10 期のP/Lが 10 期末のB/Sをつくる

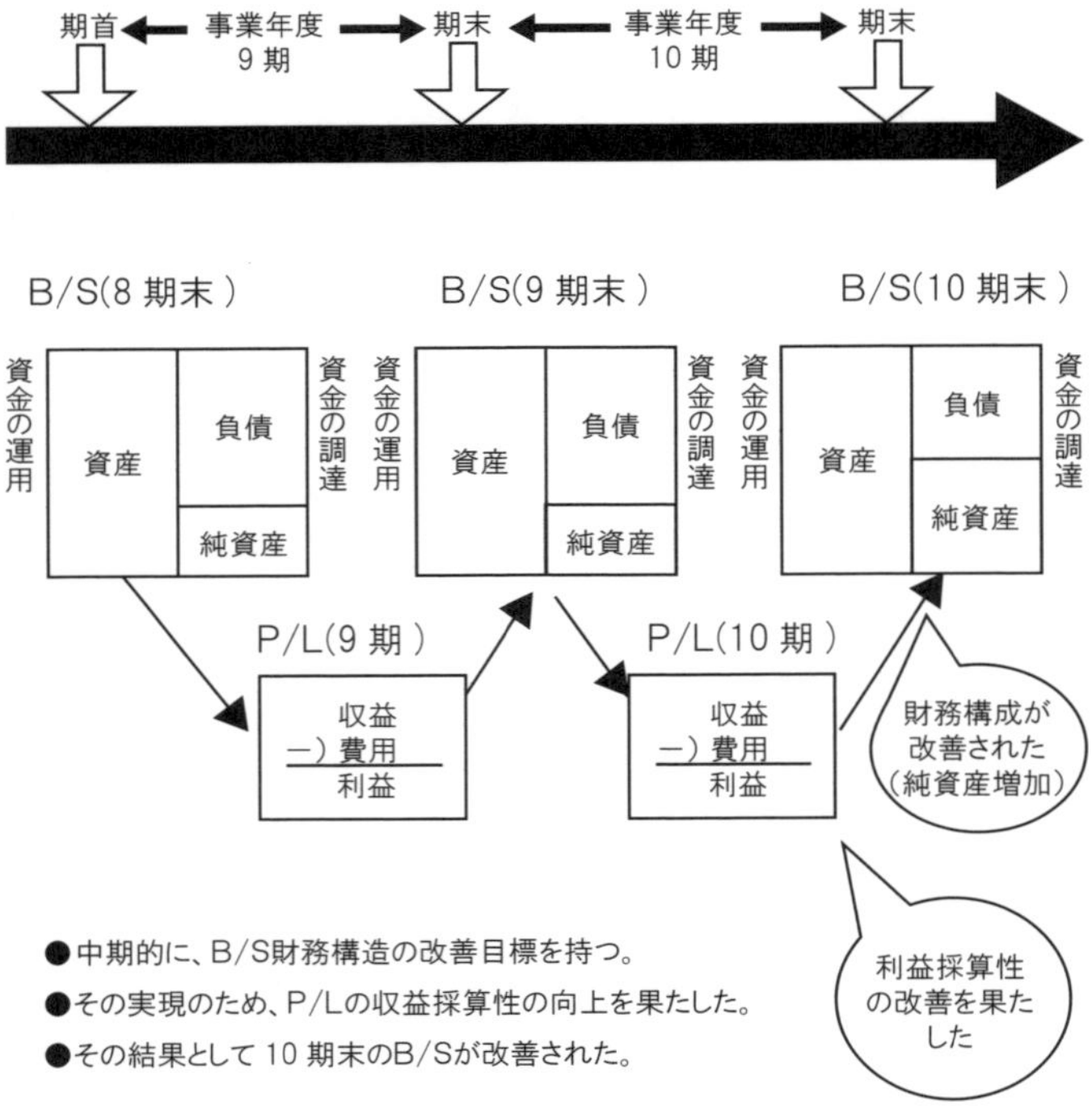

●中期的に、B/S財務構造の改善目標を持つ。
●その実現のため、P/Lの収益採算性の向上を果たした。
●その結果として 10 期末のB/Sが改善された。

四、血液循環をよくする

財務の今一つの課題は、Ｐ／ＬやＢ／Ｓの状況とともに、企業の血液ともいえる資金の流れにあります。損益上でいくら利益が上がっていても、資金が枯渇した場合には企業は倒産してしまいます。これを黒字倒産といっていることはご承知の通りです。また逆に赤字の状態であっても、資金が続いている限り倒産とはなりません。

このように財務というのは資金の流れ…これをキャッシュフローという…がどのようになっているかを把握し、経営判断に役立てることも重要になってきます。このキャッシュフローは「営業活動キャッシュフロー」「投資活動キャッシュフロー」「財務活動キャッシュフロー」の三つに区分把握することで、資金の流れの実態を把握することが行われます。

キャッシュフローで要となるのは営業活動に基づく営業キャッシュフローであ

り、まずこれが健全な状態であることが求められます。企業は設備投資他の投資を行い、ここでも資金が動きます。これが投資キャッシュフローです。営業と投資を合わせ、キャッシュフローの全体としての調節を担うものが財務キャッシュフローであり、銀行借り入れや増資によって資金の導入を図るケースがこれにあたります。

キャッシュフローの改善策

■キャッシュフローを稼ぐことが第一歩

何はおいてもキャッシュを獲得できることが先決で、 やはり売上が重要であることに違いはない。

企業全体としてはキャッシュフローのバランスと優先順位が大事である。

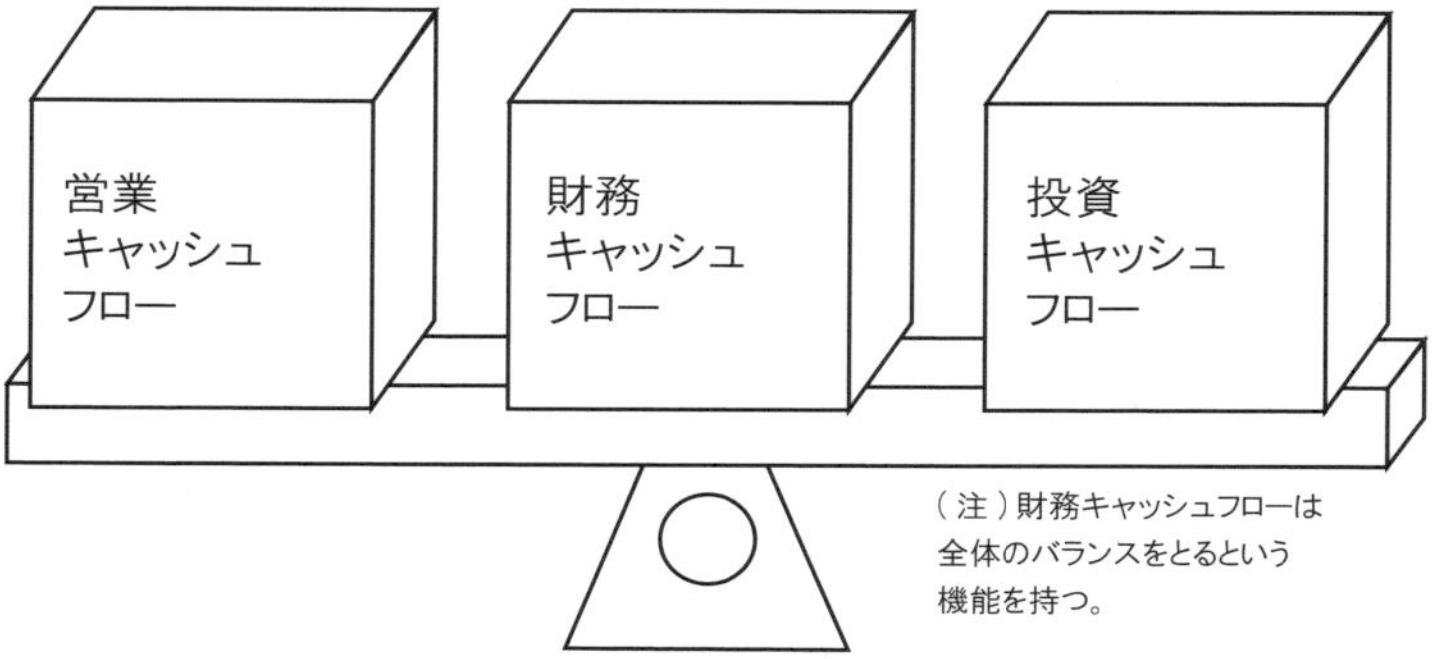

バランスと優先順位

■営業キャッシュフローの改善

基本→売上増大とコスト削減（採算性の改善含む）

・損益科目
純利益
（売上高と費用の各科目）
減価償却費

・貸借対照表
売掛金
棚卸資産
（製品、 商品）
（仕掛品、 原材料）
買掛金
前払費用
未払費用

●個別対策の事例
・マーケティング強化と拡販
・採算性の改善
・売掛金の早期回収
（回収条件の改善）
・在庫圧縮
・購買方式、 支払い条件の変更
・徹底したコスト削減

■投資キャッシュフローの改善

非アーニングアセットの切り離し
運用の見直し
投資項目ごとのバランス
戦略投資
余資運用
非戦略部門の撤退

●個別対策の事例
・投資優先順位の決定
・遊休資産の整理、 売却
・貸付金の早期回収
・非効率投資の整理

■財務キャッシュフローの改善

調達の見直し

●個別対策の事例
・銀行借入の借り換えと整理
・返済条件の改善
・自己資金の増強

キャッシュフローには、この他に「フリーキャッシュフロー」と称されるものがあります。このフリーキャッシュフローは文字通り、会社が自由に使えるキャッシュを意味し、営業キャッシュフローと投資キャッシュフローを足して求められます。通常、投資キャッシュフローはマイナスの値であり、営業活動で得たキャッシュからこの投資キャッシュを差し引いたものが自由に使えるフリーキャッシュというわけです。

フリーキャッシュフローは企業の実力を示すものだといわれます。これを増加させるには、営業キャッシュフローを増加させるか投資キャッシュフローを小さくするということになりますが、まずは営業キャッシュフローをどのように増やすかがメインの対策となります。そして一方ではムダな投資を避けることも必要でしょう。フリーキャッシュフローのマイナスが続くようだと、会社の存続自体が危うくなるということになります。

財務諸表といわれるもののうち、メインとなるのはP／L（損益計算書）とB

／S（貸借対照表）ですが、これに「キャッシュフロー計算書」を加えたものが「財務三表」といわれ、キャッシュフローが重視されるようになっています。何れにしましても大事なことは、資金を効率的に運用するということです。ですから、いかにしてキャッシュフローのムダを省き、改善するかについて真剣に取り組む必要があるのです。よく目につくのは、製品の作り過ぎによる過剰な在庫、不要不急の仕入れ商品の抱え込み、遊休資産の放置などによる資金の固定化です。これらをなくしていくという財務感覚を持ちたいものです。

五、資金を管理する…油断が引き起こす信用不安

日常の資金に関わる業務活動において重要なことがあります。それは資金の管理は厳密に行うことが常に求められているということです。筆者も会社勤務の折、資金管理の責任者として日常の資金繰り業務を行い、いろんな経験をしています。資金の仕事というのは他の業務にも増して、計画に齟齬が生じたり、手続きに間

違いがあってはならないということを身に染みて感じさせられた経験を持っています。

その一つは不況時にはよくあることですが、得意先が支払手形の期日を三ケ月から六ケ月へというように大幅に延ばしたことによる資金繰りのひっ迫です。このような状況下では、回収した手形をすぐに銀行に持ち込んで割引してもらわないと資金不足になります。営業担当の手形回収が遅れている時など、神経をすり減らしたものです。

またある時には大阪の関係子会社に資金を送金する場合にミスが出ました。期日までに送金しないと、その会社で不渡りが発生することになる状況でした。通常、資金を送金する場合、すべての必要な振込のチェックリストを準備していて、振込が完了した時にチェックを入れて確認するようにしていました。ところが担当者が送金していないにもかかわらず、送金済のチェックを入れていたことが判明したのです。もう銀行の営業時間外であり、銀行では処理ができないということでした。またなお悪いことに、その日は銀行も年末最後の営業日だったのです。

そこで急遽上司と善後策を検討し、北九州の取引銀行支店の融資担当部長の協力を得て、同行してもらい、大阪の銀行本店の取扱担当部長のお宅に参上してお願いし、何とか切り抜けることができたといったことがありました。会社のメインバンクといったこともありましたが、やはり日頃からの信頼関係の構築ができていたことが大きいと判断されます。

このように資金管理については、きちんと計画していてもミスが発生するものです。会社の中には資金繰り計画も日常的に作られていないというケースがしばしば見受けられますが、これは是非とも改善されなくてはなりません。最近では取引については現金決済が多くなっていて、手形による危険は減少しているとか、すべて現金回収としているから大丈夫というのは理由にならないと考えます。きちんとした資金繰り計画の作成は資金管理の前提条件だといえます。

ノートへのメモ書きで処理していて支払いの抜けが発生したり、資金が不足した場合には頼みやすい得意先に支払いを延期してもらったりということがよく起こります。しかしこういったことは絶対に避けるという姿勢が大切です。なぜなら、一回でも支払いが滞るということは、「当社は約束を守らない会社です」「経営者は信頼できる人ではありません」「資金状態がよくない会社です」などと公言しているのに等しいからです。

このような支払い遅延が二度、三度と起こりますと、信用不安につながり、口コミでそういった状況が他の取引先にも伝わり、正常な取引ができなくなる恐れもあります。ですからそうならないように、日常業務として資金繰り計画を作成し、チェックを行い、間違いのない資金管理に努めていただくことを望みます。

資金繰り計画はこれを作成することにより、会社の資金の過不足が分かります。またこれと実績を対比することにより、計画自体の精度が判明するとともに、売掛回収の問題点や利益採算の課題が浮かび上がることになります。有効な対策を講ずるためにも、是非資金繰り計画は作成していただきたいと思います。

資金繰り計画表の記入サンプルを152頁に掲げましたが、これは月別の様式になっています。月別の流れを把握するためにはこれがその役割を果たすことになりますが、現実の資金繰りに齟齬を来さないようにするには、当該月の「旬別資金繰り表」の作成が必要です。その月のトータルではつじつまが合う場合でも、支払いが月初に多く、収入が月末といった場合には、上旬で資金不足が発生するからです。月別の表の月別の欄を、上旬、中旬、下旬、合計といった形に置き換えていただければ結構です。

一方、年度の資金計画や中期計画としての期別の資金計画は、必要な設備資金、運転資金とこれに対応する調達資金を以って作成するわけですが、これについて関心のある方は、別途参考書などによる習得を行っていただければと思います。ここでは何よりも日常必須業務としての資金繰り計画の作成をマスターしていただくことが資金管理の先決課題であることを理解して実行していただきたいと思います。

資金繰り計画表（記入例）

項目		平成27年10月	平成27年11月	平成27年12月	平成28年1月
前月繰越金額(A)		500	714	3,538	3,826
経常収入	現金売上入金	100	200	150	180
	売掛金回収	2,500	2,500	2,550	2,650
	手形期日入金				
	雑入金	20			
	経常収入計(B)	2,620	2,700	2,700	2,830
経常支出	買掛金支払	840	810	846	810
	役員報酬	300	300	300	300
	従業員給料	500	500	500	500
	従業員賞与				2,000
	福利厚生費	30	30	30	30
	地代家賃	100	100	100	100
	広告宣伝費	50	50	50	50
	消耗品費	50	50	50	50
	水道光熱費	30	30	30	30
	租税公課	10	10	10	10
	通信費	30	30	30	30
	旅費交通費	70	70	70	70
	リース料	150	150	150	150
	支払保険料	20	20	20	20
	修繕費				
	募集費				
	雑費	100	100	100	100
	支払利息	26	26	26	25
	その他				
	経常支出計(C)	2,306	2,276	2,312	4,275
差引過不足(D)＝(B－C)		314	424	388	-1,445
財務収支	借入金入金		2,500		
	借入金返済	100	100	100	100
	財務収支計(E)	-100	2,400	-100	-100
その他	固定資産購入				500
	その他収支計(F)				-500
当月差引金額(G)＝(D+E+F)		214	2,824	288	-2,045
翌月繰越金額(A+G)		714	3,538	3,826	1,781

【特記事項】

六、管理会計に目を向ける…損益分岐点、限界利益を理解すること

これまで述べてきましたことは「財務会計」といわれる範疇に入るものです。この財務会計に対するものとして「管理会計」といわれるものがあります。財務会計は別名報告会計といわれ、証券取引委員会（上場企業や大企業の一部）や税務署に報告することが義務づけられていることはご承知の通りです。これは実績情報ですから内部で活用されるのは当然のことです。

これに対して管理会計といわれるものは外部から義務づけられたものではありません。その字の通り、社内で経営管理に役立てられるものです。実は筆者も学生時代に「管理会計ゼミ」に入り勉強したものです。といいますのは、会計の分野で当時（昭和三十年代）新しい分野として高い関心が持たれていたということもありました。しかし当時は予算統制という表現がなされ、予算編成のあり方とその遂行が主要命題でした。

現在の管理会計はその内容も会計情報の活用が進展し、経営にとって非常に有効なツールとして各面での活用がなされています。その中でまず活用したいものが二つあります。一つは「損益分岐点分析」であり、いま一つは「限界利益」の考え方の活用です。損益分岐点は、いまの売上高と費用構成のもとで利益が出るのはいくらの売上高があればよいかという、いわば損益がトントンになる点を算定するものです。このことが現状での利益構造を示すことになります。その算定手順を述べておきます。

まず費用のすべてを変動費と固定費に区分します。変動費は売上高の変動に応じて比例的に増減する材料費、補助材料費、外注費、包装荷造費、発送運賃などがこれにあたります。一方、固定費は売上高に関わりなく発生する労務費、福利厚生費、減価償却費、租税公課、保険料、交際費、賃借料などです。この費用分解によって全社の変動費、固定費が算定できることになります。燃料費、消耗品費などは自社の業態によって変動費、固定費のどちらに区分するかを検討して判断がなされます。

損益分岐点売上高は会社の損益の分かれ目となる売上高ですので、当然経営者としてはこの分岐点を上回る売上高の確保を目指すこととなります。このように自社の損益分岐点を知り、問題点を探り、対策を打っていくことが重要となります。会計資料はこのように活用できるものだということを理解していただき、大いに利用されることをお勧めします。

損益分岐点売上高の算定についての要点とこれを図解した損益分岐点図表を次頁に掲げています。自社の利益構造がビジュアルに把握できることとなります。

費用分解と損益分岐点

■費用分解

企業活動において発生するコストは、売上高に比例して増加する「変動費」と売上高に関わりなくその期間に発生する「固定費」（期間原価）とに分けて把握する。

変動費、固定費の区分はその費用の正確に応じ区分することで足りる。

いわゆる「準変動費」「準固定費」といった中間的なものも「変動費」「固定費」として処理する。

■費用区分の典型的事例

変動費…材料費、補助材料費、外注費、包装荷造費、発送運賃
固定費…労務費、福利厚生費、減価償却費、租税公課、保険料、交際費、リース料ほか
業態により検討を要するもの…水道光熱費、燃料費、消耗品費など

■損益分岐点売上高算定式

$$\text{損益分岐点売上高} = \frac{\text{固定費}}{1-(\text{変動費}/\text{売上高})}$$

■損益分岐点図表

売上高と総費用がイコールとなる点を「損益分岐点」という。

利益を獲得するには売上高が損益分岐点を上回ることが必要である。

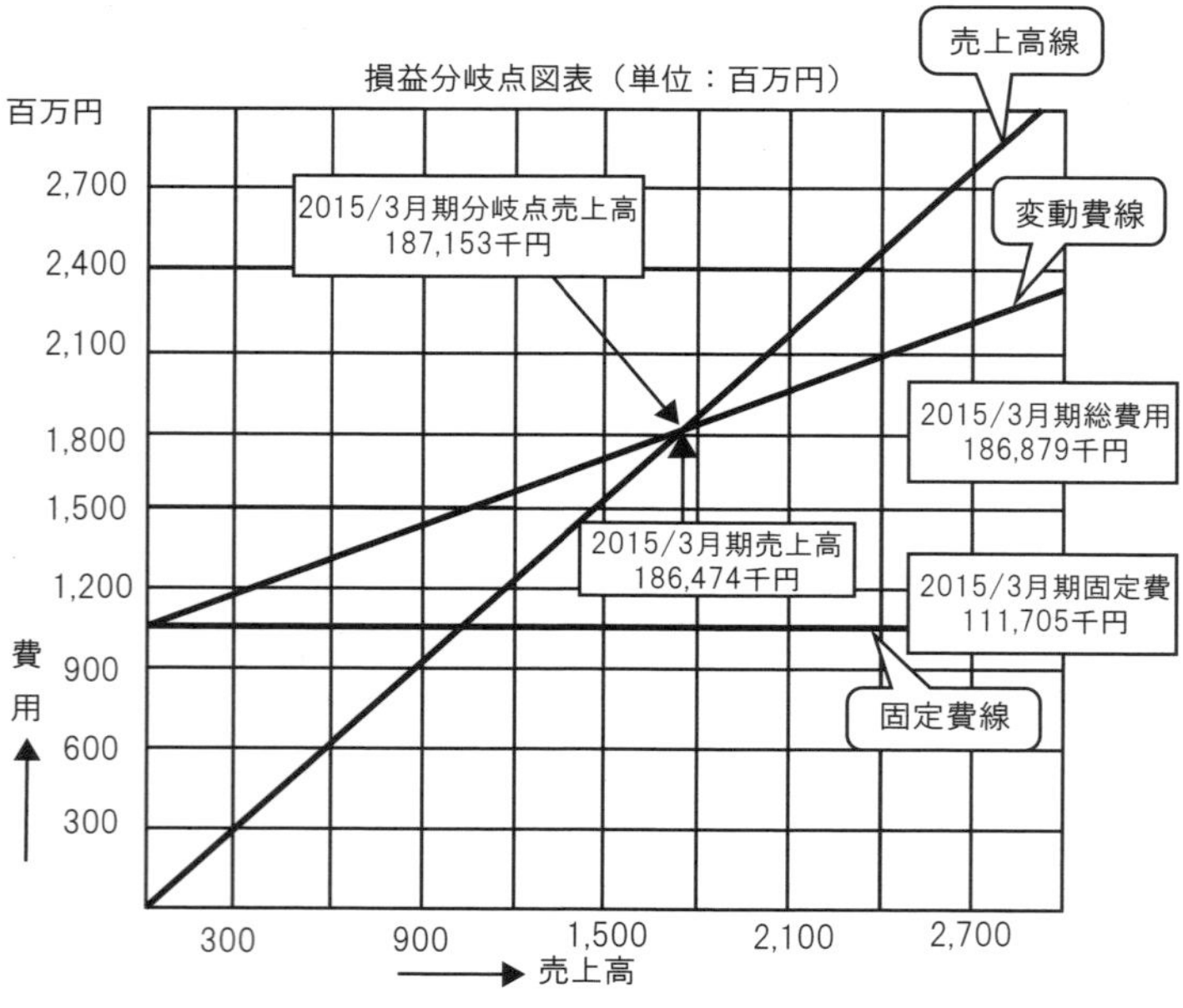

次には「限界利益」の概念とその活用について述べておきます。限界利益の限界の意味は、売上が更に一単位増えた時に利益がどう増加するかを意味します。売上に占める限界利益の割合を限界利益率といい、これが40%である場合だと、売上が一万円増えた時に利益が四千円増加するということになります。この限界利益は二つの側面からその意味を考えることができます。

一つは、対象とする事業全体の利益構造を明確にするということです。この事業の売上高に対応して発生する費用は、先の損益分岐点の項で述べましたように、変動費と固定費に分けて把握できます。売上高から変動費を差し引いたものが限界利益であり、これから更に固定費を差し引いた残りが利益だという見方をします。そうしますと、限界利益は事業全体の固定費を賄う源泉だということになります。

これはあくまで個別の商品、製品のことではなく、全体の売上高（総額）であり、変動費（総額）であり、限界利益（総額）であり、固定費（総額）であるわけです。会社が一つの事業しかしていない場合は全社の数字となり、事業部門が

■限界利益の意義

限界利益は、企業の売上収益力や受注の採算性を判断する指標として非常に有用である。

限界利益の「限界」の意味は、さらにもう一単位の売上が増加した時に利益がどう動くかを示すことである。

■限界利益の指標判断

限界利益率…限界利益の売上に対する比率（%）であって採算性の高さを示す。
限界利益額…獲得した限界利益の大きさそのものであり、絶対額である。
→「率」がいかに高くても、限界利益の絶対額が小さいと固定費が賄えない。
従って企業にとって最終的に重要なのは「限界利益絶対額である」。

■算定式と限界利益図表

限界利益＝売上高－変動費

$$限界利益率 = \frac{限界利益}{売上高}$$

$$= \frac{売上高-変動費}{売上高}$$

$$= 1 - \frac{変動費}{売上高}$$

＝1－変動費率

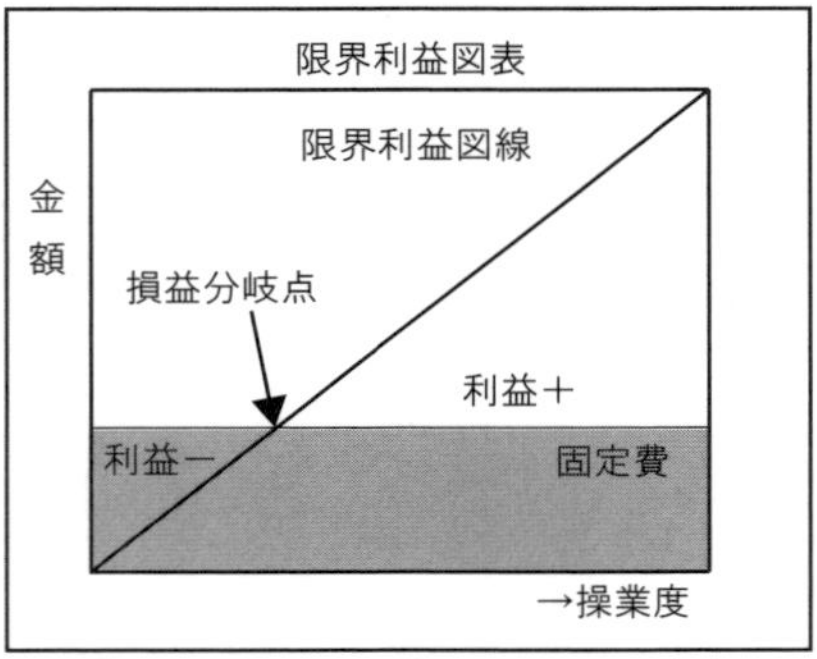

固定費カバー後の限界利益は、そのまま利益増となる。

複数以上ある場合には事業部門の利益構造の姿を知る必要がありますから、部門ごとに算定把握する必要があります。

前頁の図で示しましたように、売上高が損益分岐点を超え、限界利益で固定費を補った後は、利益が急速に増大します。ですから限界利益はその総額をいかに確保するかがポイントです。そのためには、次に述べます個別品目の採算において単に限界利益率の高低でその良否を判断するのではなく、利益率は低くてもその数量が大きければ限界利益の額は大きくなるということを判断基準にしなくてはなりません。

限界利益の総額を少しでも増大させるということは身近なところで行われています。うどん屋では通常のうどん関連のメニューだけでなく、カウンターの上に置かれたショーケースには、おにぎりやいなりが置かれています。またおでんなどもスペースを工夫して販売しています。これはお客様のニーズに応えるということでもあるわけですが、これを財務の面から見ますと、一定の固定費（家賃や人件費など）が発生することを前提に、売上高を増やし、限界利益をより多く獲得することで、その増加した限界利益がそのまま最終利益となることを実現していることになります。

コンビニでも最近では、カウンターのスペースを利用して商品のケースを置き、から揚げやフライドポテトなどに加え、メンチカツやドーナツまで多彩な商品を置いています。しかし、これは来店顧客が集中することの多い駅構内のコンビニなどでは、より多くの応接窓口の確保が必要ですから、一概によいとは言えません。要は、固定費が増えない限り、少しでも限界利益を増やすにはどうするかを考え、実行することに意味があるわけです。

限界利益の今一つの効用は、個別の商品や製品の採算性が把握できることにあります。仕入れ商品の場合は販売価格から変動費である仕入れ価格を差し引いたものとなりますから、把握しやすいわけですが、製品の場合は個別の製品ごとに変動費である材料費や外注費を把握して計算する必要があります。筆者は段ボール製品の中で赤字であると判断されているある品目について限界利益を算定し、この受注を継続すべきかどうかの判断を行ったことがあります。

製品、商品の採算判断で大事なことは、第一段階として限界利益があるのかどうかということです。限界利益がマイナスであれば、それはこの製品をつくればつくるだけ損失が発生することは明らかです。その場合は材料費が削減できるといった改善見込みがあり、その結果として限界利益の獲得が可能であれば、継続することに意味があります。そのような改善ができない場合は、やめてしまうか、顧客との販売価格の折衝によって解決を図るしかありません。

採算判断の落とし穴として、製品の原価を算定する場合に、変動費を明確にして限界利益の有無を見るのでなく、この事業部門全体に発生している固定費を何らかの基準でその製品分として割り掛け、その結果この製品を赤字製品だと決めつけることです。これはまともな採算判断だとはいえません。先の段ボール製品の場合には、限界利益が低レベルではあるが獲得できているということが判明し、生産を継続することとしました。ただしそうした場合でも、原価を少しでも低減していく改善を積み上げることは必要です。

多くの商品や製品の個別の品目について、その各々の限界利益を把握し、商品戦略に活かしていくことは重要です。同じ売上高であっても、利益採算性のよい品目構成にシフトしていくことに注力すれば利益が改善できるといったケースは沢山あります。限界利益はこの他にも様々な局面で活用できますので、興味を持って更に探求されることを望みます。

終わりに本書において取り組みにくい感のある管理会計の活用についてあえて述べましたのは、会計情報の活用が十分になされていない経営の現状から、これではあまりにももったいないと思うからです。経営の規模の大小にかかわらず、決算書の作成は法人においては必ず、個人事業者においても申告時に行われています。計上される費用は費目明細として示されています。この数字を活用して経営に役立てていくかどうかは経営者の意欲にかかっています。いま財務は苦手ということでは経営は成り立ちません。決して高度な専門的な知識が要求されているのではありません。限界利益にしても活用してみれば意外に役立ち、面白いものです。まずは興味の持てるところから好きになっていただくことが肝要だと思っています。

第6章

楽にする第三の法則「体その二」
……ムダを徹底して省く

一、ムダとは何か…企業活動とは付加価値を生み出すこと

財務感覚としては経営活動における「ムダ」を発見する力が重視されますが、そのムダとは何かについて掘り下げてみたいと思います。

企業活動の目的は理念の実現にあるわけですが、財務の観点からは最終的には利益を挙げることとなります。この利益は企業のあらゆる活動の結果として生まれてくることは明白です。では、その利益は何によってもたらされるのかを掘り下げてみますと、それは付加価値を生み出す活動があって初めて実現できるものです。

そこで付加価値とは何かを知る必要があります。まず、付加価値とは企業活動によって対象とするものに価値が付加されることからこの名称がつけられたといわれています。たとえば、材料を加工して製品にすることで、この材料には価値が付加され、新たな製品としての価値を持つこととなります。ですからこれは生

産活動による付加価値の創出ということになります。小売業・卸売業では仕入れ商品を販売することで付加価値が発生します。

この付加価値の算定には二通りのやり方があります。

①控除法　付加価値＝総生産高－（原材料費、仕入原価、燃料費、外注費など）
付加価値＝売上高－（商品仕入れ原価）

このやり方は中小企業庁方式であり、企業が生産したものから外部購入価値を差し引くことによって企業として生み出した価値を算定するやり方で、付加価値の意味合いからして妥当なものだと考えられます。

②加算法　付加価値＝営業利益＋人件費＋賃借料＋租税公課＋支払特許料＋減価償却費

このやり方は日銀方式であり、いわば簡便法として活用されます。

なお小売業、卸売業では売上総利益や限界利益を付加価値と見なすことが行われています。

先ほども述べましたように、企業は付加価値を生み出す活動を行うことが求められるわけですから、この観点からいえば、活動の中で付加価値を生み出さないものがムダとなります。いくら懸命に動いたとしても、付加価値を生み出すことのない動きはすべてムダだということになります。これは次の項でも説明しますが、工場の中を歩き回るという行動自体は付加価値を生まないものです。ですからこれはムダだと断定できます。情報の伝達が必要だからと言われそうですが、それが歩くことなく行えれば省くことが可能です。ものづくりの現場においては、付加価値が生まれているのは材料を加工している時間なのです。工程間で仕掛品を運搬すること自体はいくら運搬しても付加価値は生じないのです。

そのところを直ちに感じとって、ムダを発見し、ムダ退治を行うという行動が取れるよう、感覚を磨いていただきたいものです。

二、やり方の工夫で財務感覚を磨き上げる…ムダの徹底排除に挑戦！

調達した資金の運用の結果、資産が形成されていることは先に述べたところです。もしそこにムダな資産が存在すれば、その分だけ資金が余計に使われているということです。このことはB／Sを理解された方にはよくお分かりのことです。しかしこのことは頭で理解されていても実際には至る所にムダな資産が存在しています。代表的なものでは不良債権、不良在庫、過大な在庫、使用されていない設備などが挙げられます。

こうしたムダを放置することは資金の効率的な循環を阻害し、余計な借入れを生じ、本来なくてもよい金利の負担を発生させていることとなります。いま必要なのはこうしたムダの存在をいち早く見つけ、対策をとってこのムダを排除することです。人の生産性を上げるだけではなく、もの、金、情報など、すべての経営資源のパフォーマンスを上げることです。そのためには、特定の分野、業種・業態の違いの枠を越えて、役立つ考え方、やり方を積極的に活用することが大事です。小売業、サービス業においても、製造業で多くの経験を積んで確立された「ムダのないものづくり」の考え方や実行策が活用できます。

その参考になるのはトヨタ生産方式の実践においてムダを発生させない「七ゼロ生産」といわれているものに示される七つのムダです。

①つくり過ぎのムダ
②手待ちのムダ
③運搬のムダ
④加工そのもののムダ
⑤在庫のムダ
⑥動作のムダ
⑦不良をつくるムダ

この中で①のつくり過ぎのムダというのは影響が大きく、これが在庫のムダや動作のムダ、そして運搬のムダを発生させることになると指摘されています。これらのムダは製造業だけの話ではありません。つくり過ぎのムダというのは小売業に置き換えると仕入れ過ぎのムダということになるでしょう。あらゆるムダを見つけ、これをなくしていくことは経営活動における改善の大きな課題です。

ではどうしたらムダを発見する感覚を身につけることができるようになるのでしょうか。何がムダかを事業の現場の中で見つけ、手を打つ必要性を感じるセンスを私は「財務感覚」と言っています。この財務感覚を磨くのに最もよいのが5S活動の実践です。5Sとは整理（SEIRI）、整頓（SEITON）、清掃（SEISOU）、清潔（SEIKETU）、躾（SITUKE）のことで、その頭文字から5Sと呼ばれていることはかなりの方がご存じと思います。

5Sといえば一般に生産の現場である工場での取り組みが語られることが多いのですが、だからといって5Sを生産部門に限定するのは間違いです。5Sは会社や組織の全部門に必要なのです。またメーカーだけでなく、あらゆる業種に必要なものです。なぜならば、あらゆるムダの存在を追求し、これを取り除くための改善を行うのが5Sだからです。ですからあらゆる職場で取り組まれることを望みます。

三、５Ｓ取り組みの実際…こうして工場の改革は成功を見た

５Ｓへの取り組みを起点として工場の製造革新を行った私の経験をお話することで５Ｓが持つ力がいかに大きいかを知っていただきたいと思います。当時を思い起こしますと、トヨタ生産方式でいうところのムダなし生産を勉強中でした。有能で生産改革に堪能な先輩診断士の指導支援を得たこともあって、勤務していた会社の改善改革を行いたいという気持ちが強くありました。そういった最中に段ボールを生産する工場の責任者として赴任することとなったのです。

この工場の状況を一口でいうと、工場建屋の中は段ボールシートと製品の山で埋まっていました。ことに段ボールシートを加工する製函工場は生産設備がどこにあるのか分からないほどシートや仕掛品、更にはでき上がった製品を積んだパレットで埋まり、通路も定かでない状態でした。前途の多難さを十分予測できる状況であり、これをブレイクするにはそれこそ強い意識、闘争心といったものが

必要だったわけです。トヨタ生産方式、いわゆるムダなし生産について説明するぐらいのことでは何も動きません。そこで5Sの取り組みから始めました。

どんな工場や職場でもそうですが、何が一番の改革の障害かといえば、それはそれまでの職場で通用していた固定観念です。この段ボール工場での固定観念の最たるものは「まとめてつくれば安くなる」というものでした。受注のロットというのは大きいに越したことはありませんが、需要の変化とともに年々小さくなる傾向にあります。つまり多品種小ロット化が進み、これまで以上にものづくりが煩雑になり、コストを押し上げてしまうという観念が強くなっていた状況でした。

こういった状況に対処する感覚で、深く考えることなしに、いわば当たり前のこととしてまとめ造りをしているのです。500ケースの受注に対して、何れまた受注があるものと見越して1000ケースあるいは2000ケースをつくる。そうすると在庫はどんどん膨らんでゆきます。そのうちに顧客の仕様変更により、在庫が不良品になってしまうことも少なくありません。

5Sの取り組みに際しては、これまでの生産方式にいかにムダが多いか、また「要るものを要る時に要るだけつくる」というトヨタ生産方式の考え方を身につけ、あらゆるムダをなくしていこう、そのムダを発見し、撲滅していくための5S活動だということを繰り返し説明しました。幸い中堅幹部にこのことをよく理解し、リーダーシップを発揮して実行に移していく頼もしい存在もできてきました。

工場の全員参加で5S活動が軌道にのり、工場の状態は様変わりしました。通路は確保され、生産設備にはその名称とメンテ周期などを明示し、製品置き場、資材置き場などすべて場所を指定して整理整頓をすすめたわけです。面白いことに、現場の状態が変わると社員の意識も自ずと変わってきます。身を以って活動の成果を感ずることとなります。

一方では当然生産方式の改革をすすめ、余分なものはつくらない、小ロットであっても効率的な生産への改善に真剣に取り組む「要るものを要る時に要るだけつくる」という小回りのきく体制へと転換していきました。製品を収納する鉄製のラックも、置き場自体を最小限にするという目的で、その半分を撤去しました。置き場がないほどにあった製品在庫は大幅に減少し、仕掛品も工程の合理化で殆どなくなりました。工場は驚くほどすっきりしたのです。

5S活動の一環として5Sの標語の募集も行いました。これも社員の参画意識の高揚に役立ちました。その標語の中に「あれがない、これがない、探す時間がもったいない」というのがあり、この標語自体の優劣は別にして、いまでも「そうだ、その通りだ」と思ったこの標語を何年もたった現在でもはっきりと覚えています。とにかく皆が一つの目標に向かって改善を進めようという熱意が現場のあり方を変えました。最近日本の企業の現場力というものは以前に比べて低下しているとの記事を見ることがありますが、これは残念なことです。

この現場力低下の原因を非正規社員の増加に求める論調も見られるわけですが、真の原因は違うと思っています。その原因は何といってもやはり経営者の熱意の後退であると考えます。人員構成はいろんな要因で変化することでしょう。しかし経営として現場の改善に断固として取り組む、継続してやり遂げるといった気持ちがあれば、当然やれるはずです。それができないのは経営力が弱くなったということに他なりません。何といっても経営者が掲げる目標とその実現への熱意があればそれは敏感に現場に反映します。現場が動かないのはやはり経営者のあり方に問題があると思わざるを得ません。

四、改善・改革の可能性は大きい

この章の最後に筆者が支援しました改善・改革の事例を紹介することで、改善の種はまだまだ沢山あるのだということを実感していただきたいと思います。対象とする企業は北九州市にあって、平成18年より弁当の製造、配達を行っています。納入先は幼稚園、介護福祉施設、社会福祉協議会（納入後その地域で宅配される）といったところですが、納入先の時間指定もあり、朝は午前五時から仕事を始めています。

支援に当ってはまず企業理念の確認から始めました。経営者としての理念は持たれていましたが、それは明文化されていない状況でした。そこで一定期間をかけてその構築作業を行い、「企業理念」「行動指針」の体系で設定を完了しました。

次いで、当社の従業員の大半を占めているパート従業員の人事・賃金の状況から問題点を洗い出し、課題を設定しました。課題の中心は何といっても従業員の働きの評価とそれに対応する処遇の適正化です。これを制度として新たに構築すること、加えて、今後の従業員育成の方針確立とその具体策です。検討を重ねた結果、当社にふさわしい新たなパート従業員賃金制度並びに人事考課制度が構築できました。

具体的にはパート従業員全員の再評価を行って、設定したパート従業員一級～三級への格付けと、これに対応する賃金の決定です。この制度をスタートするにあたっては、当然社長から従業員全員に対して、この制度の趣旨、内容を十分説明し、理解してもらう努力がなされました。これは単に制度の説明を行うということではなく、会社が従業員の公正な処遇と育成にどのように力を注いでいるかの姿勢を示すことになります。

このような制度改革を通じて、当社にとってウエイトの高いパート従業員の評価と処遇、及び育成への道筋が明確となり、経営の悩みがかなり解消されることとなりました。何よりも経営者の改革に対する意欲があって初めて実現するものだということを強く感じています。

人事・賃金制度で何よりも大事なことは、制度によって従業員の管理や諸手続きを明確にするといったことではありません。人材は会社の事業活動そのものを左右する存在です。その人材を労働力として見るのではなく、会社の未来をともに創っていくパートナーとして位置づけることです。そして各々の力が存分に発揮でき、それが生きがいにつながるような組織をつくるという考え方をベースに、制度設計を行うことです。

従業員の成長と幸せをつくることが会社の成長につながることを信じ、人材の育成を中心においた制度の運用を行う、またそれが可能になる制度とすることが望まれます。

意欲につながる人事制度へ

■やったらやっただけ報われる制度を

●パートも従業員も会社を代表するひとりだ。
●会社の企業理念を理解し、共感してもらう。
●行動指針を設定し、これに従って仕事に取り組んでもらう。
●仕事の意義・目標を明確にする。
●パート就業規則をつくり、改定した賃金規定を盛り込む。
●評価制度をつくる→成績を適正に評価し、処遇につなぐ。

⇒パート社員を正規の社員に転換することも検討

雇用形態と資格の連続化イメージ

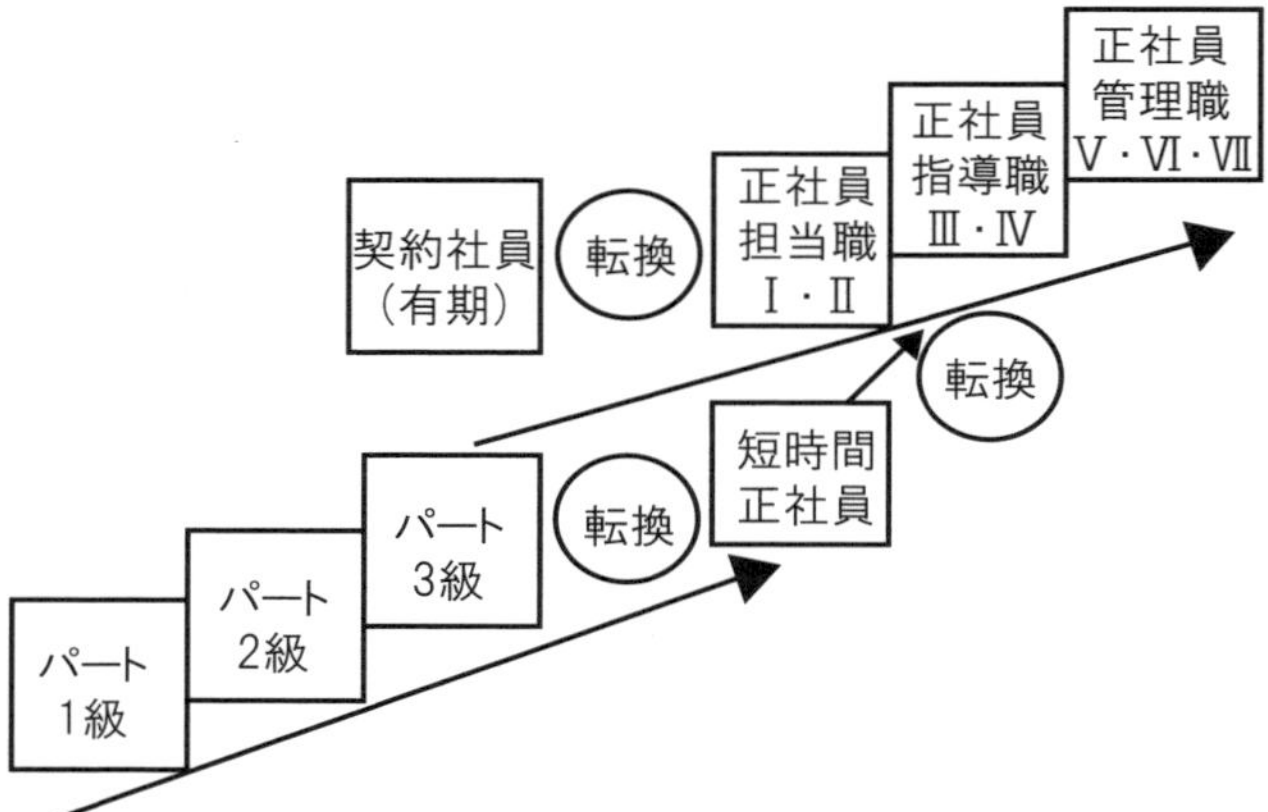

製造面ではパート従業員主体の本社工場の実態をつぶさに観察し、弁当の製造現場に多くの問題があることが分かりました。これは、製造現場の改善を行った経験のある方であれば容易に発見できることばかりです。

【観察による問題点】

・整理整頓が必要な場所が多い。不要なものが場所を占有しており、空間のムダがある。
・弁当製造の過程で、ものが静止している時間が長い（付加価値を生まない時間）。
・食材（具）の盛付作業を主体に歩き回る時間が多い（歩く時間は、付加価値を生まない）。
・必要な紙カップの不足分を補完場所から取り出し、配置するケースが時々発生する。
・具の入れ忘れがないか点検するのに時間が掛っている。

・でき上がった弁当の出荷待ち時間が長い。
・所定の作業時間に配置された人が、何らかの理由で所定の位置にいなくて作業が遅れる。
・製品の工程表が設定されていない…数量表示はあるものの、品目ごとの作業工程なし。
・衛生面～台にこぼれたご販を弁当箱に入れたケースあり（台は清潔でも好ましくない）。

このように多くの問題点が見られますが、実は最も大きな問題が根底にあるのです。それはこの工場における弁当の製造方法です。

弁当の製造というのは、機械化された大がかりな製造設備によって製造を行っている企業は別として、小規模の会社は殆どすべての作業を人手によって行っているのが普通です。この会社の他にも障害者施設での製造を見ていますが、造り方は皆同じです。

・当日の向け先別メニューにより、予め準備した材料を使って、ご飯とおかず数種類をつくる。
・炊き上がったご飯は大きい容器に、おかずは各々を適切な容器に入れる。
・弁当箱を必要数準備する。おかずを入れる紙カップを使用する場合はこれも準備する。
・容器に入れたご飯を、ポリ手袋をした手ですくってはかりの上に載せ、一箱分を計量し、弁当箱に入れる（観察時一箱一五〇グラム）。
・ご飯を詰めた弁当箱は、所定の数量になるまで広い台の上に並べていく。
・おかずは可能な人員（一人～三人）を配置して、おかずの入った容器を抱えて、弁当箱一つ一つに配って歩く。
・配り終わったあと、具の盛付モレの有無を点検し、盛付の手直しを行って体裁を整える。
・弁当箱に蓋を被せていく。
・完了したものを台の端の方に積み上げていく。

・積み上げられたものをまとめて出荷口に運ぶ。
・所定の時間に車に搬入し、出荷する。

このようなもののつくり方では、先に挙げた問題点＝ムダが多く発生しています。歩くムダ、ものが動かない停滞のムダ、点検のムダ、運搬のムダがこれにあたります。ムダな行動は全く価値を生みません。しかしこのようなもののつくり方は、いわば当たり前のやり方として定着しているわけです。これを改善し、ムダをなくすやりかたがあります。

それはトヨタ生産方式でいう「一個流し生産」のやり方です。これは文字通り、一個ずつ完成品を作っていく方式です。

・ご飯計量、箱入れ↓おかずA、B入れ↓おかずC、D入れ↓点検、蓋被せ↓出荷口へこの各作業を工程順に一人ずつ担当するので、人員は四〜五人必要となります。ところが製品が完成するまでの製造リードタイムというものは圧倒的に短縮されます。これを実証するため、「一個流し生産」の実験的に実行することとしました。

その結果は現行のやり方によるものとの比較で大きな差異が出ました。弁当箱にご飯を詰めるところから完成するまでの比較となります。

現行方式では納入先品目やロットによって異なるとはいえ、一個当たり早い場合で四〇秒、遅い場合で六八秒かかっていたものが、実証実験では十三秒となりました。多少の余裕を見ても一個十五秒以内が見込め、少なくとも一分四個、十分四〇個、一時間では二四〇個の製造が可能だということが実証されました。

ですからある程度量的にまとまる標準品ともいえる弁当については、この生産方式が非常に有効だといえ、次のようなメリットを生み出します。

①製造リードタイムの短縮により、造りだめの必要がなくなる。短納期品にも対応できる。

②お客様に、より新しいものを提供できる。
③工場の場所や設備を増やすことなく、より多くの受注の獲得が可能になる。
④ムダのない生産により、人の生産性が上がり、コスト削減ができる。
⑤作業中のお喋りやムダな行動がなくなる。

受注する弁当は量のまとまる標準品のウエイトが高いとはいえ、制限食（アレルギー対策）や介護食（おかゆなど）といった特定内容のものが別にあり、これらは個別の管理が必要です。この生産をどのように組み込んでいくかということに加え、人のシフト編成と勤務態様変化への対応などの課題がありますので、工場全体の革新はそれこそ関係者の知恵を結集して解決を図る必要があります。

こういった事例からも、業界の慣習や固定観念に捉われず、他の業界のやり方、発想の仕方などに目を向けて、よいと思ったものは積極的に活用していく姿勢が必要でしょう。

盛付の生産方式改善

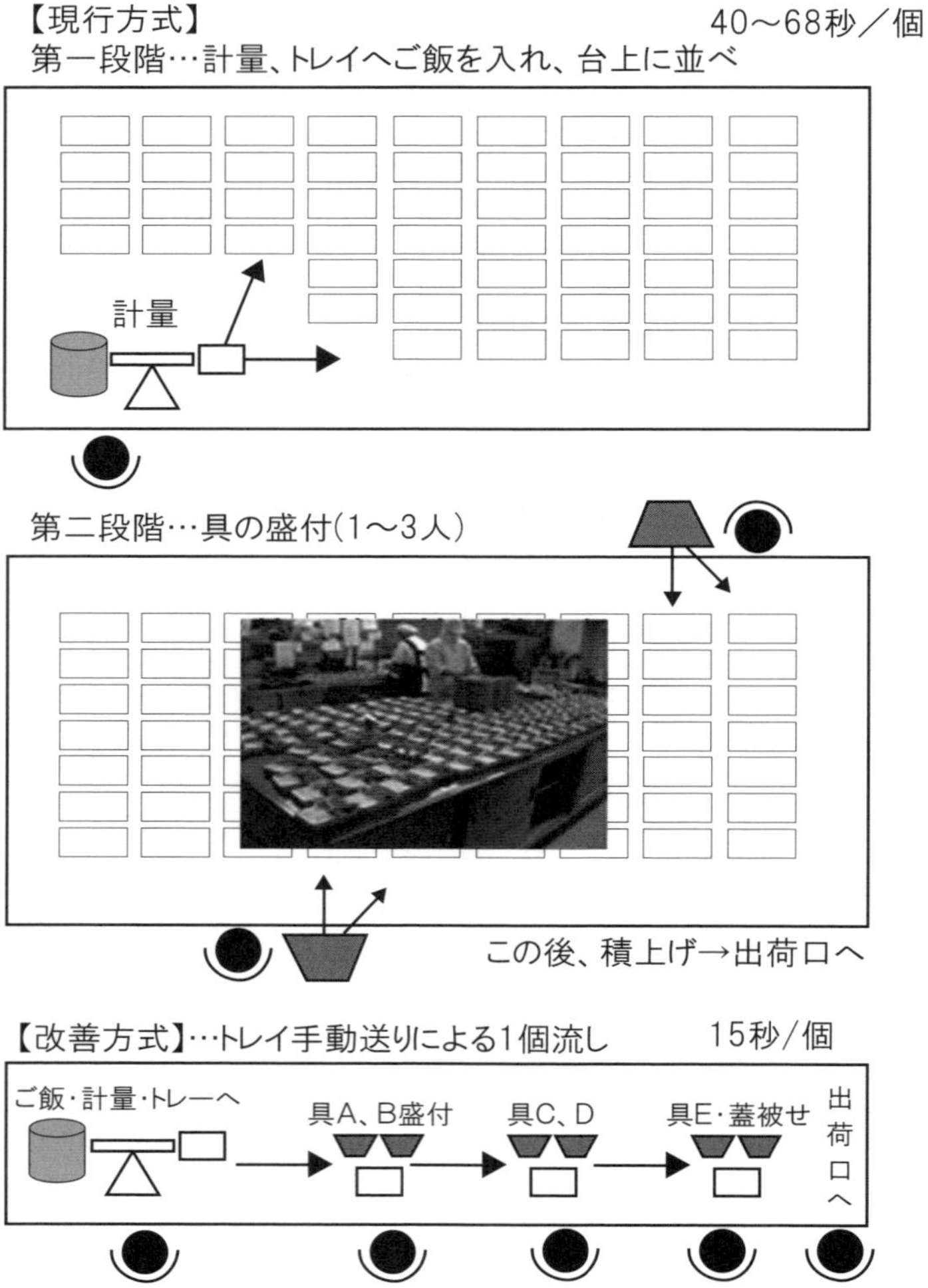
【現行方式】
40～68秒／個
第一段階…計量、トレイへご飯を入れ、台上に並べ
計量
第二段階…具の盛付(1～3人)
この後、積上げ→出荷口へ
【改善方式】…トレイ手動送りによる1個流し
15秒/個
ご飯・計量・トレーへ
具A、B盛付
具C、D
具E・蓋被せ
出荷口へ

最終章 05!

すべては情熱が解決する！

一、「心」「技」「体」は三位一体だ

これまで述べてきたことは、すべてが密接に関連しています。「技」である市場対応力も「体」である財務感覚も企業や組織のあり方を規定する「企業理念」「基本理念」と別物ではありえないといえます。既に述べましたように、理念は戦略を越える位置にあります。理念によって戦略のあり方が決まるといっても過言ではありませんし、ただ単に戦略の良否だけを判断してそれを採用しても、理念の裏付けのないものは短命に終わるでしょう。今一度、経営のあり方においてこの「心」「技」「体」が密接につながり、一体のものとして業務の遂行がなされているかどうかをチェックしていただきたいと思います。

二、経営者の頭の切り換え…理想の姿を想い描く

皆さんは、これから自分が目指し、実現しようとする経営の姿を明確に頭に描

くことができますか。これには自分の想い、願望の強さ、またその達成への意欲の強さ、未来を創造する力などが大きく関連します。これらに強いものがあれば未来の姿は自ずと鮮明になってくるはずです。もしその姿がぼやけており、はっきりしないということであれば、これまで述べてきました理念の構築をはじめとする手順を繰り返していただき、目指すべき姿を明確にしていただきたいと思います。

では、組織としてのあり方について一つの理想とするかたちを描いてみることとし、参考に供したいと思います。

●組織の構成員全員が基本理念を理解し、共有している。
●日常の業務遂行には、理念と行動指針が十分に反映されている。
●自分たちの幸せは自分の仕事を通じて実現していくものだとの認識を強く持っている。
●他の人は自分とは異なる人格を持つ存在であることを認識し、互いを尊重している。
●自分たちの成長が組織の成長につながっていることを自覚し、研鑽を積んでいる。
●他の人の成長や、業務上の成果が明らかになったことを皆で喜び合う。
●他部門の仕事であっても情報提供など、役立つことについては進んで協力している。
●自分の成長を自覚し、それを楽しむ。
●部下や後進の育成と成長に対して情熱を持って取り組んでいる。
●皆が強い意欲と闘争心を持って会社目標の達成にチャレンジしている。

この他にもいろんな事項があると思われます。それを皆さんはできるだけ書きあげてみて下さい。素晴らしい未来がその中に発見できるはずです。経営者に望まれることは、これまでの思いに捉われることなく、素晴らしい未来を創るという方向へ頭を切り替えることだといえます。そうすれば新たな力が湧いてくるのは間違いありません。

三、行動を生み出す力とは?

人として、また経営者としてありたい自分になる、そして目指すべき姿を実現していくということは人生の大目標です。ところが人は往々にしてそのための力を存分に発揮していない、できる力があるのにそれにフタをしているというのが一般的な状況です。ではなぜそうなってしまうのか。井上裕之氏(歯科医師、『自分が奇跡を起こす方法』フォレスト出版の著者)はそれはメンタルブロックに起因していると言っています。

私達は本来自由に考え自由に行動できますが、メンタルブロックとは、それを阻む要因です。メンタルブロックに捉われていて、私達は本来の力が出せていません。氏はメンタルブロックとして①親の影響力②学校③収入④コミュニティ⑤会社⑥未来への不安⑦情報を挙げています。詳細は省きますが、要は自分の欲求の実現に対して、それができないことの理由をいろいろと挙げて実行をしないということです。目的の達成、欲求の実現のためには選択と行動を惜しまない、ととことんやることで結果が生まれてくるということを強く意識することが大切です。

人間というものは弱いもので、筆者も頭では分かっているつもりでも実際の行動が十分できているかというと、そうは言えない実態があります。これでは大きなことは言えません。それで自社の行動指針に「迅速行動」の一項を掲げてその実践を心掛けています。今一つは行動を生み出すために先哲が語った言葉や、現在の優れた経営者の言葉を常に目にし、自分の心を奮い立たせるために常時これに触れるといったこともやっています。私の場合は、次に述べる平櫛田中（ひらくしでんちゅう）の言葉をＰＣのテロップとして流しています。また日本電産のものをスローガンとして掲げ、常に意識することに努めています。

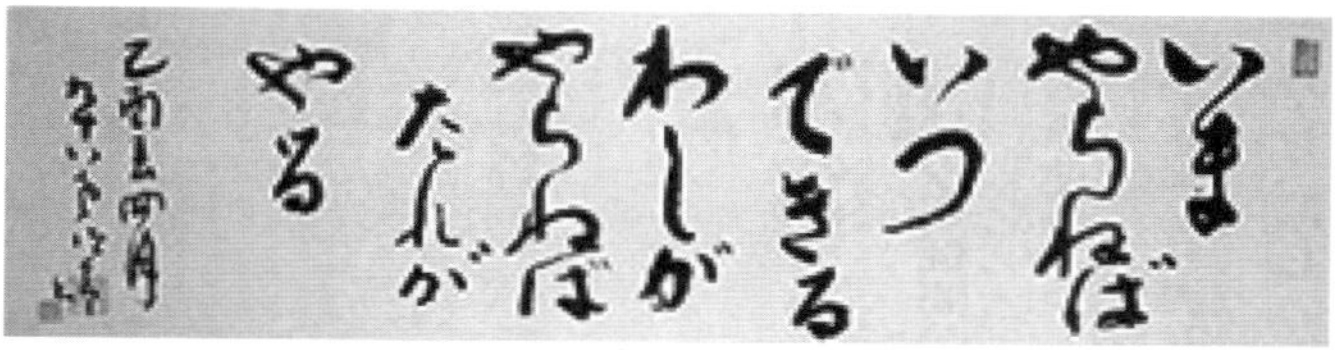

【行動を促す言葉】

●いまやらねばいつできる。わしがやらねばたれがやる。

平櫛田中（ひらくしでんちゅう、1872〜1979）…近代日本を代表する彫刻家。国立劇場展示の「鏡獅子」は有名。95歳の時にこの言葉をつくり、107歳まで仕事をした。この他に「六十七十ははなたれこぞう、おとこざかりは百から百から」で知られている。

●すぐやる、かならずやる、できるまでやる

永守重信（1944〜）…日本電産（株）社長。氏の経営哲学として三つ掲げられているものの一つ。他に「情熱、熱意、執念」「知的ハードワーキング」がある。

●チャレンジして失敗することを恐れるよりも、何もしないことを恐れろ。
本田宗一郎（１９０６〜１９９１）…本田技研工業の創業者。

●志を立てるのに遅すぎるということはない。
スタンリー・ボールドウィン（１８６７〜１９４７）…イギリスの政治家、首相も務め、女性の参政権を実現したことでも知られる。

この他にも行動を促すための言葉は多々あり、ここではほんの一部を紹介したわけですが、要は自分の心に最も響くものを選び、折に触れてこれを目にし、意識に刷り込むことが大切だと思います。

四、すべては熱意・情熱にかかっている！

学歴が高く、能力レベルも高い人材だから、期待されたように仕事ができるかというと、そうではないということがしばしばいわれます。人事制度においても職能資格制度の場合にはまず従業員の能力が評価され、そのレベルによって資格格付けがなされます。その資格等級が基準としている仕事ができると見なされるわけです。しかし、実際にはその資格等級が要求している業務上の成果を挙げられないということがよく起こります。そして、これが言うところの能力主義の欠点であり、能力があるから仕事もできるだろうという誤った考えでもあるわけです。

では人の能力の発揮、実行力の発現は何によってもたらされるのでしょうか。その人を動かすための報酬、見返りが必要だと考えて給与アップを行った経営者もいます。でもその効果はほんの一時的なものに止まりました。動機づけが必要なんだということから改善に対する報奨制度など様々な試みがなされていますが、これも根本的な解決にはなりえません。やはり人の心を内側から揺り動かすもの、他からの指示でなく自らが情熱を以って取り組めるような仕事のあり方、目標に対して積極的にチャレンジしていく活気のある組織風土の醸成が必要です。

五、二世、三世の経営者に望むこと…理念と変化対応の調和

次に企業や社会福祉法人などで創業者から経営を引き継いだ二世、三世の経営者のあり方について述べておきます。事業承継によって経営を引き継ぐということは経営の大きな課題となっていますが、ここでは事業承継の考え方や手法といった内容はさておき、事業を引き継いだ側の経営者として、どのように対処すべきかの観点から述べるのが目的です。

経営の引き継ぎということは、経営者が替るということです。ですから企業や組織にとっては重大事です。引き継ぎの契機にもいろいろとあり、創業者である社長から指名された場合、創業者が突然倒れられるか亡くなるかで急遽登板した場合、M&Aにより新たに経営者として就任した場合など様々です。創業者との直接的なつながりはないけれど、二世にあたる経営者から引き継ぐ場合もあるで

しょう。これらのすべてに共通して、引き継いだ経営者として考えなくてはならないことを「引き継ぎの要件」としてまとめています。

【引き継ぎの要件】

①理念の継承…理念が確立されている場合は、その再構築を行う必要があるかどうかを検討します。理念の確立、設定がなされていない場合には、第一章の「理念・行動指針はこうしてつくる」の項を参照し、創業理念の探求から始まる一連の作業を行って理念を完成させます。注意すべきことは、これを安直に考えて「顧客第一主義」とか「利益増大」といった理念やスローガンを掲げないことです。しっかりと理念を固める中で、何故そうするのかの理由を明確にすることが重要となります。

②信用の継承…これは内外の関係性の継承といってもよく、創業者がこれまで営々と築いてきた顧客や取引先、金融機関との信用関係に十分に配慮して、軽率

な言動でこれらを損なうことのないよう、慎重に行動することです。信用関係を一層深めていく立場からいえば、むしろ積極的に今後の取り組み方針などの説明を行って理解を得るといったことが重要になります。

③変化への対応…創業者の過ごしてきた時代と、引き継いだこれからの時代は自ずと異なっています。一昔前はものへの欲求のウエイトが高く、こころの豊かさとかゆとりを持つことについてはさほどではなかったのが、いまでは完全に逆転しています。つまり「もの」への欲求から「精神的な充足」の願望へと時代は変化しています。社会の捉え方についても「グローバル社会」「高齢化・人口減少社会」「高度情報通信社会」「環境重視社会」「健康・生命重視社会」「ＩｏＴ…インターネットオブシングスの到来」などと表現される変化の時代でもあります。これからも時代は変化し続けますが、その時代に対応した経営のあり方、戦略を追求しなくてはなりません。つまり、活躍のステージは変わっていることを前提に経営を進めることが求められます。その際忘れてならないのは、理念だけは永遠性を

持っており、その価値は不変だということです。もしその価値が疑われるなら理念の再構築を考える必要があります。

【後継者としての苦労】

①古参従業員への対応…新たに経営者として社長に就任し、これまでのやり方を変革しようとして古参の従業員から猛反対されるといったケースは、経歴を積んだ会社ではよくあることです。古参の従業員はそれまで会社に対して貢献してきたという自負もあり、そうしたものがこれまで通り認められなくなってしまうのではという不安を持ちます。また、退職までの期間を無難に過ごしたい、新たなことを習得したり、作業手順が変わるといったことには反対するわけです。ですからこのことを先代の社長に訴えたりすることが起こり、新社長が先代からたしなめられるということも発生します。

こういったことは引き継ぎ自体の素地が十分できていないことも要因として挙げられますが、究極のところ、古参従業員に対して誠意を以ってこれからの方針やなぜそうするのかの話をすることで、共感や納得を得る努力を行うことが必要です。経営者となった以上、弱みを見せたくないという意識が働くものですが、場合によっては自分の弱みをさらけ出し、「○○については分からないので教えてほしい」といったことで信頼関係をつくるといったことも一つの方法となります。

②先代との方針の食い違い…しばしば見られますが、創業社長が会長に退き、現社長にバトンタッチしたものの、経営方針が両者で大きく違っていて、もめるケースがあります。引き継ぐ際に、理念や基本戦略が互いに共感できるものかどうかの確認がなされていなかったものと想定できます。ただ、先ほど述べました時代の変化への対応ということからは、そのあたりの突っ込んだ話し合いにより、双方が納得できるものをつくり上げることが望まれるところです。

次には、現在の経営者の立場から見て後継者がいないというケースについても触れておきます。事業の継続には経営者の存在が必須の要件だということは、経営者自身がよくお分かりのことです。しかし、現実には後継者がいないという一事を以って廃業に追い込まれることが少なくありません。公表されている中小企業対象のアンケート調査によっても、廃業したい理由として「事業に将来性がない…37・5%」「息子・娘がいない…25・2%」「適当な後継者がいない…21・1%」であり、また後継者が決まっていない企業は全体の62・1%という結果が示されています（平成24年度中小企業の事業承継に関する調査に係る委託事業作業報告書　平成25年3月（株）野村総合研究所）。また、高齢化の進展によって経営者の高齢化が急速に進んでおり、中小企業の経営者の五割超が六十歳以上となっていることからも、後継者の問題は今後ますます大きな経営課題としてその重要度を増すことは疑いのないところです。

当社にはよい人材がいない、後を託するに足るような幹部が育っていないということをよく聞きます。このことは明らかに経営者の人材育成への熱意や努力の足りなさを物語っています。最初から経営者の意にかなう条件を備えた人材というのは、いないのが普通です。ですから、現在いる人材を積極的に育てることに注力すべきです。

これは社会福祉法人の例です。障害者福祉施設を創り、一代でこれを地域における有力な法人に育て上げた理事長は、将来の後継者の人材要件についての構想を持たれていました。それは、これから福祉を取り巻く環境が益々厳しくなっていく、そういう時代に通用する経営感覚、特に営業開発センスを備えた人材が必要だというものでした。

そのこと自体は内側からのみ経営を見るのでなく、外からの視点で経営を見る必要があるという意味で一つの見識だといえますが、そうした人材は内部にはいないことも事実です。だからといって外部からの人材導入も現実的ではありません。筆者は内部の人材の選抜と育成を進言しました。

その結果として、高齢であった理事長が亡くなり、内部の幹部の方が引き継がれ、現在いろんな経験を重ねながら順調に経営を進めることができています。やはりないものねだりをやめ、内部の人材を信頼して育てるという姿勢が大事だと感じます。そうすれば役割が人をつくるといわれるように、後継者自身がその役割認識とともに自己啓発努力を重ね、成長していくことができるように思います。

後継者の育成は早すぎるということはないと考えますし、できるだけ計画的にこれを進め、育成に努めていただきたいと思います。また誰に引き継ぐかはともかくとして、会社や組織自体の存在価値を高め、より魅力のある存在として、人がここで働きたいと思ってくれるような組織風土をつくることが次の世代にも大きな力となるでしょう。

次に後継者への引き継ぎよりスムースに行うための留意点を述べておきます。

【引き継ぎのポイント】

①早い時点で事業承継計画を作成し、引き継ぎ予定年次までの育成とその後のフォローを含めて、段階を追って実施をしていく。

②事業承継までの間に、後継者も経営のパートナーとしての役割を担う業務に携わり、経営者としての一定の素地を作っておく。

③引き継ぎ時に、幹部や古参従業員に対して、後継者選定の過程、選定の理由、

後継者の経営理念と新体制の内容などについて説明し、理解を求める。

一番よくないのは、組織の理解や準備がなされていない中で、いきなり公表して就任させることです。素地ができていないところでそうしたことをやるのは無謀だといえます。第一に、後継者の経営者としての地位や経営方針が受け入れられずに、一部の離反を招いたり、業務の停滞を引き起こす可能性すら考えられます。やはり、周到な準備を行って実施すべきです。

なお事業承継については、国も力を注いでおり、この施策として平成23年より各県に「事業引き継ぎ支援センター」が整備されつつあります（平成27年7月末現在、全国三十二箇所)。具体的には商工会議所を主体に相談窓口が設置され、既に五千社を超える相談に応じているといわれます。無料で利用できますし、後継者が見つからないといった場合も既に構築されている「後継者人材バンク」の活用が可能ですので、こういった制度利用の検討をお勧めします。

六、戦略発想の視野を広げる…自前主義はもう古い？

強い情熱を以って経営にあたることは必要ですが、一方では努めて視野を広げることも望まれるところです。既に述べてきましたことですが、企業の固有の役割、強みとして核となる競争力すなわち「コア・コンピタンス」を持つことが戦略展開の必須の要件となります。このコア・コンピタンスをいかに活用していくかを考える際に、「アライアンス」というやり方があります。

アライアンスは直訳すれば同盟ということですが、企業経営においては提携とか縁組みの意で使われます。これは九十年代後半から使われるようになったということですが、企業が何でも自分でやるという自前主義を捨て、他の企業と提携し、共同で事業をやるということを意味します。

その狙いは自社のコア・コンピタンスを有効に活用することです。自社の得意とするものを提携先にも提供する代わりに、自社において不足しているものを提携先の持っているもので補い、相互にメリットを得ようということです。単純な事例としては製造メーカーがつくることは得意だが販売力が小さいといった場合に、強い営業力を持ち、またこのメーカーにも適用できる販路を持っている会社と提携するものがあります。メーカーは提携先の製品販売実績に応じて、手数料を払うというものです。

ここで留意すべきことは、この両者の関係はイコールパートナーということであり、対等に互恵関係を結ぶということです。決してどちらかが上に立つ下請け関係ではないということです。また双方の納得性の高い、貢献度に応じた利益の分配方式を設定するということが欠かせない要件となります。

このように自社の得意とするところを活かし、不足するものを他で補うといった関係はいたるところで見られます。文具の翌日配達という便宜性を打ち出して成長しているアスクルは、既に地域の顧客リストを持つ町の文具店とタイアップする形で、文具店と代理店契約を結び、この文具店の顧客に販売した場合に手数料を払って互いの共存共栄を図っています。

このような事例の他にも、アライアンスは無限にあるといわれます。自社にない経営資源について他社のものを活用し、資金の投下を抑えるとともに、成長のスピードを速めることが狙いとなります。

アライアンスで重要なことは、互いの将来ビジョンについて共通したものを持てるかどうかの点です。経営に対する考え方や方針が大きく乖離しているにもかかわらず、目先の利益のために行うケースでは、同床異夢となり、早晩破綻することは明らかです。

七、現実を直視する…ごまかしは経営を危うくする

経営規模の大小を問わず、経営者は自社の経営状態をよく見せようとするケースが多く見られます。これは具体的には決算書に現われます。つまり適正な会計処理を行わずに、利益を多くするといった操作により、世間に誤った情報を与える、しかもこれを意図的に行うといった場合です。

顕著な事例ではＩＨＩ、オリンパスや最近の事例となった東芝が挙げられます。監査の厳しい大手上場企業についてはまさかといった感があるわけですが、メディアによる報道によりその実態が明らかになり、一朝にして信用の失墜を招い

ています。

また信じられないようなことですが、決算以外においても、トヨタと販売台数トップを争う地位にあったあのフォルクスワーゲン（ＶＷ）が、ディーゼルエンジンの排ガス規制逃れのために行ったごまかしは、大いなる信頼の失墜と計り知れない損失を生むこととなりました。

ここで考えなくてはならないことは、ごまかしてよいことは何もない、ということです。一時的にはよい評価をつくれたとしても、それが粉飾だったと明らかになった時の有形無形の損失には計り知れないものがあります。経営としてのあるべき姿勢は、ルールは守り、適正に算定された結果としての実績を直視し、次の手を打っていくことです。

こういった場合、取沙汰されるのはコーポレートガバナンス（企業統治）の不備ということで、制度はあったが形骸化していたといった批判です。だからもっとルールを強化すべしといったことになるわけですが、筆者の見方は全く違います。

これは制度やルール以前の経営姿勢の問題です。もう少し言えば、経営トップクラスの人生観やものの見方、そして企業理念の実現に対する想いの欠落といったものに起因すると考えます。立派な理念を掲げていても、トップ自身がこの理念に沿った行動が取れていなかったということです。被害者はむしろ一般社員だと言えなくもないと思います。やはり上から下までの理念浸透への努力がよりよい組織風土をつくり、それが外部のよい評価につながることは明白です。

確かに業績が落ち込んだりした場合は、株主をはじめ金融機関や取引先の評価を落としたくないという思いに駆られるものです。しかし、経営でやってはいけないことは、見栄をはり、実態を覆い隠すことです。このことはすべての関係者や世間を裏切ることとなることを銘記すべきです。そんなことよりも、一刻も早い改善・改革を行うことが求められている筈です。

八、有効な資源の活用…専門家の活用メリット

経営活動においては環境の変化も手伝って様々な課題に直面することとなります。序章において何かに頼るのではなく、自立した経営の確立が望まれることを述べました。これは経営の主体性の問題ですので、何もかも自分の思いだけで解決すべしと言っているわけではありません。

経営者としての視野を拡げ、いろんな考え方やアドバイスを活用可能な他の資源に求めることは大事なことと思っています。経営者のかなりの人達は、積極的に国の中小企業施策による無料の経営相談や専門家の派遣を活用しています。国の施策というのは予算年度によって改廃がありますので、現行のものについて永続性の点で問題はあるものの、次年度では名称やかたちを変えて存続されるものも結構存在します。

ここでは国や地方自治体の施策による中小企業の支援について、利用者の視点

からの大まかな区分と、活用の事例を挙げ、参考に供したいと思います。

【経営相談窓口】

市や商工会議所に経営相談窓口を設け、専門家（中小企業診断士、税理士、社会保険労務士、司法書士、技術関係専門家など）を配して相談に応ずる体制をつくっています。この場合、企業はそこに出向いて相談することとなりますが、できれば事前に電話で相談内容を連絡することで、対応できる専門家を準備してもらうことが可能です。

【金融相談窓口】

これも市や商工会議所に窓口が設置されています。資金繰りの厳しい中小企業に対して金融の知識と実務に精通した専門家が資金繰りや経営改善のアドバイス、関係機関の紹介などを行っています。また特定の窓口では、中小企業が一定の売上の低下を来しているなどの要件を満たしている場合に、信用保証協会の別枠の保証を得ての融資を可能にするセーフティネット保証制度の対象事業者認定作業も行われています。

【専門家派遣】

中小企業施策においては、これを実施している行政機関や自治体とその関連団体が様々な支援事業を行っています。その中に中小企業の抱える課題の解決に向けて、専門家を派遣する事業があります。これには無料の場合と、事業者が2／3程度を負担して行う場合がありますが、何れもその課題解決にふさわしい専門家を概ね3～5回派遣し、課題の解決を図ります。

なお、専門家派遣において中小企業庁でサイトを開設している「ミラサポ」相談窓口があります。ミラサポのサイトより企業が登録することにより、課題に対応できる専門家の派遣を受けることができます。

このような専門家派遣を利用する場合には、その支援事業の実施主体となっている機関に申込みを行う必要があります。その手続きは実施機関によって異なりますので、確認をした上で行うことが効率的です。なお、全く情報がない場合にはまず商工会議所や商工会などに問合せを行って、どのような支援事業があるのか、それはどのように行われているのかなどを確認し、実行されるのが適切と思います。

【活用事例】

●製造業A社は、県単位で開設されている最低賃金総合相談支援センターに相談し、中小企業事業主向けワン・ストップ無料相談（厚生労働省、最低賃金総合相談支援事業）の専門家派遣を活用し、パートタイマーの評価制度並びに賃金制度について、方針設定と制度の構築について支援を受けた。

●B飲食店は、中小企業庁の支援する専門家派遣事業（ミラサポ）に登録し、顧客の増大対策の検討に基づく店舗と提供メニュー及びサービス改善計画の策定について支援を受けた。

●製造業C社は、商工会議所の専門家派遣事業を活用して生産管理の専門家

（商工会議所アドバイザー）を派遣してもらい、生産工程の合理化及び省人化について支援を受けた。

●小売業D社は、中小企業庁が「中小企業経営力強化支援法」に基づいて認定された経営革新等支援機関を通じて実施している「経営改善計画策定支援事業」を活用して専門家の派遣を受け、経営改善計画の策定を行った。

【挑戦課題】…経営革新計画承認への挑戦

次には中小企業者が新事業により経営の向上を目指すために国の経営革新制度を活用し、自らの変革を目指す活動を紹介します。

経営革新とは、「事業者が新事業活動を行うことにより、経営の相当程度の向上を図ること」と定義されています。対象となる事業者は中小企業基本法第２条でいう中小企業です。

新事業活動とは、①新商品の開発又は生産②新役務の開発又は提供③商品の新たな生産又は販売の方式の導入④役務の新たな提供の方式の導入、その他の新たな事業活動であり、新たに取り組もうとする内容が①から④までのいずれかに該当することが必要です。

この制度は専門性の高い支援事業を行うことのできる個人、法人、中小企業支援機関が国の認定機関として設定され、事業者はその認定機関を通じて申請することになります。この認定機関は商工会議所をはじめ全国各地域に多くありますので、インターネットで容易に調べることができます。

ではなぜこの経営革新への取り組みが企業力のアップに役立つのでしょうか。企業というのは時の経過とともにどうしてもマンネリ化するものです。こういった現状を打破し、新たな目標を打ち立て、これに向かって踏み出す契機をつくるのが経営革新だと言えます。

具体的には経営革新計画を作成して申請し、その承認を受けることです。その過程で専門家や金融機関の支援を得ることも可能です。

企業の現状を見つめ、自社の強みを活かして将来成長できる戦略を探求し、3～5年の中期事業計画を作成するといったことが、既に筆者の述べた中長期の視点に立つことにもなります。挑戦した経験が後々の経営に大いに役立つことは間違いのないところです。

経営革新計画の承認を受けることと、金融機関の融資は直結するものではなく、融資が保証されるものではありません。しかし、金融機関に経営の現状と将来計画を理解してもらうことによりこれまでとは違った評価を得て、融資も有利になるということはいえます。

このように、支援を受けるにはいろんな形態があるわけですが、専門家派遣による支援を受ける場合に留意すべき点について述べておきます。まず専門家には当該企業について知り得た事項については守秘義務が存在します。ですから経営の実態をよく理解してもらい、その上で的確な問題点や課題の指摘とこれに対するアドバイスを得るには、経営の実態を包み隠すことなく話していただくことが肝要です。筆者のみならず多くの専門家が経験していることですが、知りたいことを質問しても、なかなかまともな返事が返ってこないことがあります。そうなりますと実態の把握が不十分となり、本当に役立つ助言ができないということになります。これでは何のための派遣か分からなくなりますので、目的に沿った対応を行うことが必要です。

【専門家の特質…特に中小企業診断士について】

経営者の皆さんは、自社の経営を支援してくれる専門家についての的確な知識を持たれていない場合が多いと感じています。「うちは税理士の先生に依頼しているから大丈夫だ」と言われる経営者の方が結構おられます。もちろん税理士の方で経営やマネジメントの勉強をされ、経営全般についての指導力を存分に発揮されている場合が少なからずあることは否定しません。

税理士の業務は税理士法に定められ、税務に関わる業務について税理士でなくてはしてはならないことが決まっています。士業の一つである社会保険労務士についても同様に、社会保険労務士法でその業務が定められています。公認会計士、弁護士や司法書士、行政書士それから弁理士についてもその資格特有の業務…これを独占業務（弁理士では専権業務）といっている…が決まっています。しかし、独占業務があるからといって、これらの資格を持っている方々が経営の支援をしてはいけないということはありません。

ところで筆者がそうですが、士業のなかで「中小企業診断士」というのはその資格特有の独占業務というのはないのです。そのため、〇〇の仕事は中小企業診断士でなくてはならないということはありません。その所為もあって、一般に知名度は低いといえます。自治体や商工会議所などがひとつの支援事業などにおいて活用する専門家として中小企業診断士を指名・委託しない限り法的に業務が発生することはありません。

中小企業診断士は経営コンサルタント唯一の国家資格であり、かなり難度の高い資格試験（一次〜三次）に合格した者を、中小企業支援法第十一条の定めにより、経済産業大臣が認定し、登録する者をいいます。中小企業診断士には法で定める独占業務の設定はないものの、経営を総合的な視点から分析・サポートでき、税務や法務における専門的な課題を除いた経営諸課題の解決に関しては、最も適合した専門家であるといえます。

中小企業診断士はいろんな経営支援機関に所属して活動するケースも多く、一方では独立して民間企業や社会福祉法人、その他の団体と契約して様々な支援活動を行っています。会社員や機関の職員などでこの資格を持ついわゆる企業内診断士も多く、これらの方たちは、自分の所属する組織の課題解決や改善・改革に大きな力を発揮して活躍し、持てる能力に応じた貢献をしています。

中小企業診断士は経営全般の課題解決への支援を行う能力を持っているとはいえ、やはり各々得意とする専門分野を持っています。業界別では飲食業を専門としている、あるいは建設業、製造業、小売業を専門としているといった具合です。機能別では財務、人事・労務、生産管理、マーケティング、IT、金融、あるいは事業計画策定、事業承継、再生支援などその専門分野は多岐にわたっています。ですから診断士活用の際は、その専門性の確認により、課題や解決テーマへの適合性を判断されることが望ましいといえます。

最後に、中小企業診断士に限らず、自社に役立つ専門家を積極的に活用し、的確なアドバイスを得ることには、大きなメリットがあると断言できます。専門家と付き合うことにより視野が広がりますし、問題点や課題を話し合うことが重要な改革・改善の契機となることもあります。マンネリ化を防ぎ、独善的なやり方になるのを避ける意味でも、専門家の活用には大きな価値があるといえましょう。

【ワン・ストップサービス】

専門家の活用については、支援する側も利用者の便宜性を考えていろんな体制づくりが試みられています。各支援機関が窓口となり、企業の抱える、一人の専門家では解決の難しい複合的な課題の解決について必要な専門家を選別して派遣するといった事業がこれにあたります。

既存の支援機関の他、このような意図で任意に創設された組織の事例を紹介しておきます。九州では九州経済産業局の勧奨もあって、各士業にまたがる有志による「九州志士の会（略称）」…（一般社団法人九州地域中小企業等支援専門家連絡協議会・創設者、理事長槇本健次氏）が平成23年4月に創設され、活動を行っています。

この組織の目的は、中小企業や地域の活性化を支援する「高く熱い志」を持った専門家が連携し、①中小企業に対しては複数の専門家でないと解決できない高度な課題解決②中小企業の支援機関に対しては九州の中小企業や地域の活性化への協力③会員に対しては士業間連携による業務範囲の拡大と自己研鑽の場という、中小企業と支援機関と会員各々にとって「三方よし」の活動を意図してつくられました。

会員はこのような目的と活動に賛同し、ともに手を携えていこうという熱意を持った専門家で構成されていて、いまでは百数十名規模となっています。専門家は弁護士、弁理士、司法書士、行政書士、中小企業診断士、社会保険労務士、公認会計士、税理士、技術士、不動産鑑定士、経営士、ＩＴコーディネーターなどの他、民間のスペシャリストが含まれています。

このように九州全域を対象としているユニークな存在であるわけですが、既に中小企業支援機関や自治体と連携して広汎な支援活動を展開し、人材養成塾の開講、自治体の要望による当該地域の企業支援や商工会議所の新人経営指導員の育成など多方面での支援活動を行っています。

そしてまた多くの専門家がいることで、企業などの抱える複雑な課題に対応できることとなります。たとえば、事業承継が課題である場合には、事業承継計画の策定や後継者の育成は中小企業診断士、相続税における選択の問題では税理士、M&Aにおける会社の統合や新会社の設立などは弁護士、司法書士、行政書士が連携してあたることが可能となります。ですから課題によってはこのような機関を活用されることも有効な方法です。

九、経営者の情報リテラシー

リテラシーというのは読み書き能力のことをいいますが、情報リテラシーは情報を使いこなす能力、すなわち情報機器やITネットワークを活用し、情報・データを管理・活用する能力を表します。もっと簡単にいえば、パソコンとインターネットを活用するということになります。

この情報リテラシーは、現代ではビジネスにとって欠くことのできないものだといえます。ところが、事業経営者、特に個人でやっている方には、パソコンやインターネット、メールのやり取りなどは全くしていないという人が結構おられます。そしてその仕事の進め方はパソコン・インターネットを活用されている人と比較すると非常に効率の悪いものになっています。

いまは情報化社会であり、競争も激しい時代であることはご承知の通りです。恐らく大半の経営者の方はこのことを肌で感じられ、情報の活用能力を高める努力を継続されている筈です。そしてその活用レベルもとても幅が広く、ＩＴ化を経営活動の軸に据えている企業も多くありますし、これが競争力の格差を生み出していることも事実です。

こういった状況の中で、まだパソコン、インターネットの活用をしていない場合は、できるだけ早くパソコンスクールなどで基本を身につけ、業務への活用をしていただきたいと思います。そうする中で、レベルの向上を図っていくことが可能となります。さしてこれは、ある程度のレベルまで経営者自身が取り組むことが肝要です。そうすることで、情報化のメリットや業務改革のポイントを把握できるようになるからです。どうしても自分ではしないという場合は、従業員に習得させることが必要です。これを無視して事業を進めることは、自社だけの問題ではありません。書類は手書きでメールもできないとなれば、他からの信用にも関わることとなります。

現に活用している大半の方にとっても、常時そのレベルアップを図っていく必要があります。情報化の進展は非常に早いものがあり、活用できるソフトも次々に開発されています。自分にとって有効なソフトの存在を知らなくて損をする場合もしばしばあります。筆者の場合の小さな事例ですが、スカイプの存在と活用方法を経験者に教えてもらったおかげで、遠隔地の方と無料でお互いの顔や書類を見ながら打ち合わせができるようになりました。そこに出張するのとしなくて済む場合のコストの差は、非常に大きいものがあります。

また、インターネットの活用により、一時代前には考えられないような膨大な情報を得ることが可能となっています。反面、どのような情報を取得し、またその中での選択、活用を適切なものにするといった努力が求められることにもなります。先に述べました中小企業支援に関わる情報も、インターネットで検索することにより、有効な情報が取得できます。

情報の取得とともに重要になっていますのが、情報の発信です。いまやホームページを作成してそれを情報の発信基地として活用する、あるいはフェイスブックによってイベント情報を発信するなど、その活用手段は益々多様化しています。営業面での通販のウエイトも高まってきており、これも大きな検討課題となります。是非とも情報リテラシーの向上とその活用といった視点から、経営力を高めていただきたいと思います。

十、これから創業する方へ

わが国の開業率、廃業率は欧米の半分又はそれ以下となっており、産業の新陳代謝が進んでいないこと、また日本の開業率は4・6%、廃業率は11・1%（厚生労働省２０１２年）とその乖離が大きいこともあって、政府は創業率を高めるための各種の施策を講じています。このような状況を背景に、地方自治体や中小企業支援機関はこぞって「創業セミナー」「創業塾」などを開催し、少しでも開業件数を増加させることに注力しています。

これから創業しようとする方たちにとって、いろんな支援が得られるということは好ましいことではありますが、その反面、創業への取り組みが安易なものになっているという側面は否定できないと思っています。ことに開業資金さえ調達できればあとは何とかなるといった考え方で、どうしたらその資金が得られるかを焦点にセミナー参加をしている人も多いように感じます。

ここでしっかりと考えなくてはならないのは、創業するということは事業経営者になるということです。規模の大小には関係なく、経営者としての要件を備えることが欠かせないものとなります。これらの要件は経営そのものに必要なこととして本書で順を追って述べてきたところですが、ここでそれらの要点をまとめるとともに、これに加えて重要だと考える取り組みマインドにも言及しておきます。

●企業理念の設定…何のために事業を行うのか、どのような姿を実現したいのか、社会の中における存在価値は何かを明確にする。

●コア・コンピタンスの探求…核となる競争力を持つこと。自社の真の強みは何か、それをどのような競争力として活用していくか、顧客は誰かを探求する。

●目標の設定…3年後、あるいは5年後に達成したい目標を数値目標込みで設定する。

●戦略の構築…目標を達成するための重点戦略を構築する。

●中期事業計画の策定…少なくとも開業後3年間の各期の計画を、組織(役割の明確化)、期別目標、期別戦略設定と実行計画、収支計画、設備投資計画、資金計画にわたって策定する。

●強い経営者マインド…目標実現に対する強い意思と、障害を乗り越えて突き進むあくなき闘争心を持つ。

なお、資金調達に必要だということで、その目的のみに中期事業計画を策定する場合が多く、ことが終われば放置されていると判断されますが、これはもったいない話です。事業計画は経営の推進計画であり、本来経営にとって必要なものなのです。中期事業計画は、開業後も環境条件の変化を検討しながら毎期継続して更新することをお勧めする次第です。

おわりに

本書の表題を「小さな会社の経営を楽にする三法則」としています。本書を読んで、中には楽になるどころかいろいろやらなくてはならないことが多く、大変だなという感想をお持ちの方も少なからずいらっしゃると思います。しかし、考えていただきたいのは、この法則に基づいて実践することで非常に大きな楽を得られる事実です。何が楽になるかは巻末の表にまとめましたものを参照していただきたく思いますが、実際には記載しきれないぐらいの多岐にわたるメリットが存在します。

経営者として何が苦しいかというと、進むべき方向が明確でないことが基本にあります。これに起因してやるべきことになかなか決断できない、従業員をはじめとする周囲との良好な関係性の構築ができないなどの悩みが絶えないといった状況に立ち至ります。これはやはり経営が成り立つために必要な「理念」「市場対応力」「財務感覚」に問題がある、言い換えれば「理念不在症」「市場対応力不全」「財務感覚欠乏症」に罹っているために引き起こされているといえるのです。

このような症状は、きちんと治療することによって解消されます。確かに最初の段階では努力を要することとなりますが、的確に手を打つことによって、経営者はその活動時間を本当に重要な課題に向けて集中できます。古くから「急がば回れ」という格言がありますが、まさにその通りなのです。一定の基盤ができれば、経営者は余計なことに神経を使うことなく、楽な経営、充実した経営、夢を叶える経営といったそれまでとは次元の違う世界へ飛躍できるものだと考えています。

成功している経営者は、「経営とは人生そのものだ」「経営は楽しいものだ」「皆の幸せをつくる経営に生きがいを感じている」といった表現で心の状態を述べています。何れも何かに頼る経営、日々追われる経営とは無縁の境地で活動されているのが分かります。皆さんも真に楽な経営となる姿を目指し、突き進んでいただきたいと心から願っています。

経営の分野においても多くの専門家が存在し、各々がその分野の専門家として経営とはかくあるべしとの主張を行っています。たとえば、マーケティングの専門家は市場開拓戦略とターゲット顧客の設定、セールスプロモーションなど、いかに売上を伸ばしていくか、を中心課題として持論を展開されるといった具合です。

皆さんがいろんな分野に関心を持たれ、勉強されることは大いに推奨されるべきことだと考えています。それが大きな成果につながることも多いでしょう。しかし、筆者が最初にも述べましたように、経営には全体を俯瞰するバランス感覚というものが重要だと考えています。その上に立って調和の取れた経営を目指し、成長していただきたいと願っています。

医学の世界においても、西洋医学と東洋医学は、現在ではその融合に向けて盛んに努力がなされています。西洋医学は病気そのものを治療する外科的処置中心の対症療法であるのに対し、東洋医学は人間の持つ自然治癒力を重視し、からだと精神の全体の状態を見て、漢方薬を使用しながら回復を図っていくといった違いがあります。現在では西洋医学に足らないところについて、たとえば術後の回復過程においては漢方を活用して治癒力を高めるといったことが取り入れられるようになってきました。このように、多くの分野の違いを乗り越えて、全体としての成果を高める考え方はとても有効です。

本書では「企業理念」「市場対応力」「財務感覚」の言葉に代表させて経営の成り立つ要素を理解していただきました。是非とも自立した経営を確立され成長していただくことを心から願っています。

最後に、日頃からいろんな面で薫陶を受けています賃金総研の鬼木春夫氏をはじめ、一般社団法人福岡県中小企業診断士協会、九州志士の会（一般社団法人九州地域中小企業等支援専門家連絡協議会）の会員諸氏の各面にわたる支援に対し、また刊行、編集にあたってお世話になりました（株）カナリアコミュニケーションズ佐々木社長様、谷田川様、（有）インプルーブ小山睦男様に、こころより感謝申し上げます。

経営が楽になる一覧表（三法則を実践した結果）

【理念（企業理念、基本理念）・行動指針の設定により】

- ●進むべき方向が明確になり、会社の舵取りが楽になる。
- ●存在価値が明確になり、事業のPRが楽になる。
- ●人材の確保と育成がこれまでより楽になる。
- ●経営方針や戦略の設定が楽になる。
- ●従業員への方針説明や説得が楽になる。
- ●業務上発生する問題やトラブルへの対応判断が楽になる。

【全方位で相手（顧客、取引先、従業員他）の側に立つことにより】

- ●視点の是正により真のニーズ把握が楽になる。
- ●その結果、強み・競争力をどこにぶつけるかの判断が楽になる。
- ●戦略の策定が楽になる。
- ●よりよい関係性の構築と信頼の獲得が楽になる。
- ●協力関係の強化、提携が楽になる。
- ●市場適合型人材の育成が楽になる。

【財務感覚を磨くことにより】

- ●ムダを省くことにより、強い財務体質の形成が楽になる。
- ●何が付加価値を生むのかの判断が楽になる。
- ●資金繰りが楽になる。
- ●体質強化により、金融機関、取引先の信用獲得が楽になる。
- ●管理会計活用により、利益増大への改善策設定が楽になる。
- ●組織構成員のムダ排除感覚醸成が楽になる。

【総合】

- ●不必要な悩みごとが大きく減少し、経営が楽になる。
- ●前向きに挑戦していく活動時間の確保が楽になる。
- ●人材の業績評価と育成、及び組織の活性化が楽になる。

著者プロフィール

大和 一雄

有限会社ヤマトサポート　代表取締役

1937 年東京生まれ。大学で経営学履修後、福岡県の産業包装資材メーカーへ就職。そこで資材購買、生産管理、資金財務、人事総務、開発など広範な業務を経験し、平成5年に取締役事業部長、ついで監査役を歴任。その過程で福岡証券取引所への株式上場、企業の成長過程をつぶさに経験した。昭和 57 年に中小企業診断士の資格を取得、平成 10 年の退職を契機に独立開業し、平成 17 年、(有) ヤマトサポートとして法人化、現在に至る。現在は人事・労務課題の解決を主体として人事・賃金制度の構築、企業理念設定を柱とした組織の活性化、中期事業計画の策定、目標管理制度の活用、管理者研修、考課者訓練、小集団活動（5S）の推進など、人材育成がこれからの組織の重要課題であることを中核にして多くの企業の支援に当っている。

（一社）福岡県中小企業診断士協会会員、(一社) 九州地域中小企業等支援専門家連絡協議会会員、NPO法人北九州テクノサポート会員、賃金システム総合研究所 九州本部エリア代表。

（公財）北九州産業学術推進機構　協力コンサルタント、北九州商工会議所登録アドバイザー。

著書に『倒産の危機管理と知識』（北九州市中小企業支援センター）がある。

有限会社　ヤマトサポート

〒 807-0853　福岡県北九州市八幡西区鷹見台 1-7-20

● TEL　093-693-4961

● FAX　093-693-4962

● E-Mail info@yamato-support.com

● URL http://www.yamato-support.com/

小さな会社の経営を楽にする三法則

～経営の心・技・体がここにある～

2015 年 11 月 30 日〔初版第1刷発行〕

著　者　　　大和 一雄
発行人　　　佐々木紀行
発行所　　　株式会社カナリアコミュニケーションズ
〒 141-0031　東京都品川区西五反田 6-2-7
ウエストサイド五反田ビル 3F
TEL　03-5436-9701　FAX　03-3491-9699
http://www.canaria-book.com
印刷所　　　石川特殊特急製本株式会社
装丁　　　岡阿弥吉朗
書籍コーディネート　インプルーブ　小山睦男

ISBN 978-4-7782-0321-4 C0034

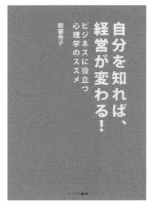

カナリアコミュニケーションズの書籍ご案内

2011 年 2 月 10 日発刊
価格　1700 円（税別）
ISBN978-4-7782-0175-3

現場主義」で品質向上！「行為保証」でできる製造技術改革

〇〇　〇　著

日本の製造技術を伝承するカギはここにあった！

ヒューマンエラーを撲滅し、品質を変えるＥｎｄｏメソッドとは？

作業者のバラつきも、たまたま出来上がった品質も、現場力の承継問題も全て解決！

著者の数十年にわたる現場経験が生んだ独自のメソッドが大きな技術改革を起こす。

「行為保証」の考えに基づき実例に沿って丁寧に解説してくれるので、作業現場のバイブルになること間違いなし。


出版記念講演開催決定！

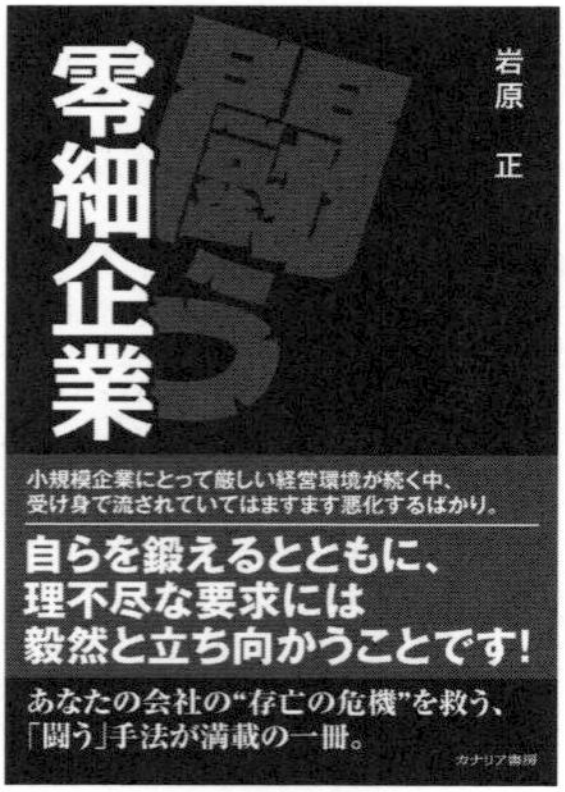

2011 年 5 月 25 日発刊
価格　1500 円（税別）
ISBN978-4-7782-0181-4

闘う零細企業

岩原　正　著

自らを鍛えるとともに、理不尽な要求には毅然と立ち向かうことです！

「闘う」貴社の“存亡の危機”を救う手法が満載。


経営者としてのスタイル、美学を持つこと。

良心に恥じることなく、生きるという行為を爽やかに全うしたい。

理不尽な法律や金融機関の対応に、敢然と立ち向かおう！

それらは所詮、人間の良心のしもべなのだから。

カナリアコミュニケーションズの書籍ご案内

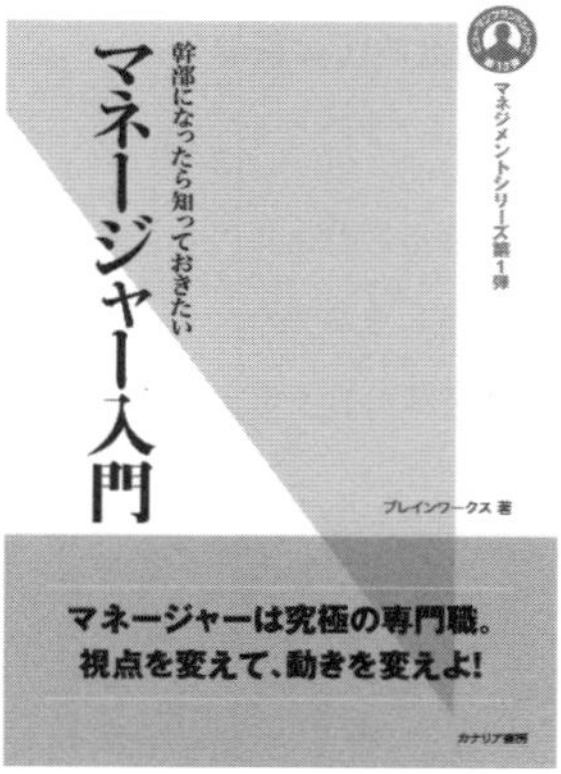

幹部になったら知っておきたい マネージャー入門

ブレインワークス　著

マネージャーは究極の専門職。

部下を育て、成果を上げる。

幹部のあなたが今すべきことが、この１冊にまとまった。

マネージャーとは、担当する組織の管理・監督者としてチームを束ね、人的資源を最大限に生かすことで組織の目標を達成させる人のこと。

マネージャーになったばかりの人だけでなく、あらためて仕事について振り返りたい人に贈る幹部入門書。

2011 年 8 月 30 日発刊
価格　1000 円（税別）
ISBN978-4-7782-0198-2

顧客から選ばれる会社へ　CS力強化で感動サービスを生み出す

柿原　まゆみ　著

21世紀を勝ち抜くための真の『顧客視点経営』のあり方が凝縮した1冊。

国内CSコンサルタントの第一人者であった故・林田正光氏の遺志を受け継いだ
著者が、貴方の会社を“顧客から選ばれる会社”へと変革させるノウハウを提供している。

2012 年 7 月 10 日発刊
価格　1300 円（税別）
ISBN978-4-7782-0221-7

カナリアコミュニケーションズの書籍ご案内

2013 年 7 月 15 日発刊
価格　1500 円（税別）
ISBN978-4-7782-0254-5

沸騰経営
5%の奇蹟を創り出す10の鉄則

大野　尚　著

経営者を本気にさせる最強のバイブル。


会社設立１０年後に生き残っている企業はわずか５%です。

勝ち残る企業は奇蹟と言えます。

勝ち残るためには、価値残ることが必要です。

そこで、会社経営を軌道に乗せる実践的事例、１０の鉄則をお教えします。

経営者の方必読の１冊！

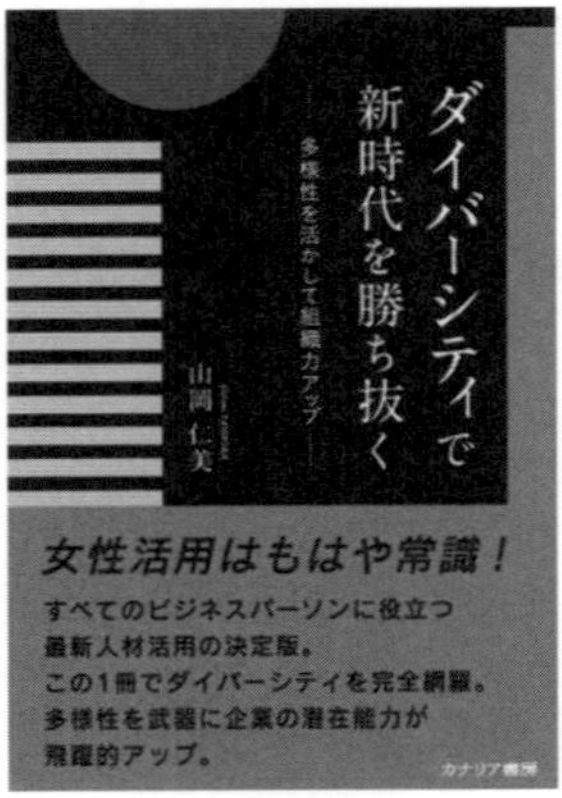

2014 年 1 月 10 日発刊
価格　1400 円（税別）
ISBN978-4-7782-0257-6

ダイバーシティで新時代を勝ち抜く
～多様性を活かして組織力アップ～

山岡　仁美　著

女性活用はもはや常識！

すべてのビジネスパーソンに役立つ最新人材活用の決定版。

この１冊でダイバーシティを完全網羅。

多様性を武器に企業の潜在能力が飛躍的アップ。

なぜ今、ダイバーシティが必要とされるのか。

どんな立派な制度もつくっただけではダイバーシティと呼ぶことはできない。

人材の多様性を武器にして、組織の潜在能力を高めるため、ごく身近なことから誰にでも実践できるダイバーシティ推進の方法を収録。

カナリアコミュニケーションズの書籍ご案内

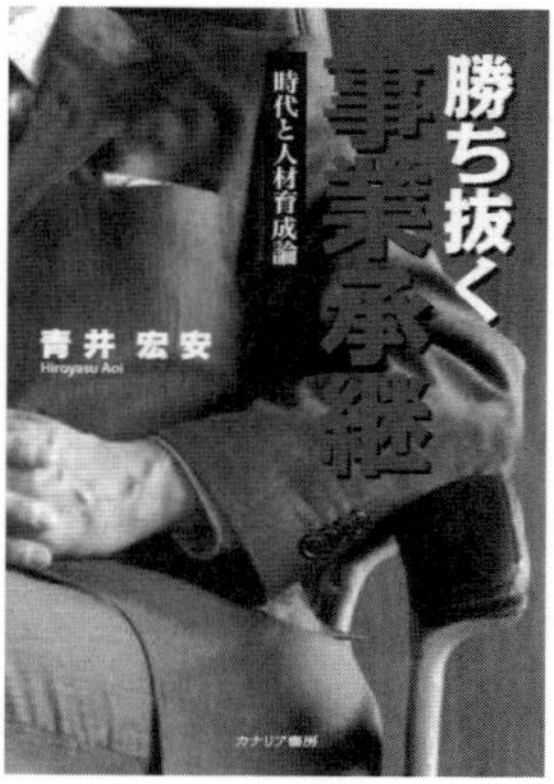

2014年9月19日発刊
価格　1500円（税別）
ISBN978-4-7782-0280-4

勝ち抜く事業承継
ー時代と人材育成論ー

青井　宏安　著

今、企業が直面しているのは次世代を担う人たちへの「事業承継」問題。

いかにして後継者を育てるかが企業存続のカギに。

これまで日本が歩んできた時代、社会情勢をもとに、次なる経営者層「戦後第2世代」の特徴、備わる能力について解説。

日本経済を支えてきたすべての企業が直面する「事業承継」問題。

次世代を継ぐ後継者たる資質を、いかにして育てるかが企業存続のカギとなっています。本書ではこれまで日本が歩んできた時代、社会情勢をもとに、次なる経営者層「戦後第2世代」の特徴、備わる能力について解説します。

2014年10月20日発刊
価格　1500円（税別）
ISBN978-4-7782-0284-2

新卒採用革命
セミナー方式で人間力を見抜け！

蓮室　光雄　著

今の採用試験は間違っている！
新卒採用は設備投資と同じ。安易な採用は企業を衰退させる。
これからの時代は人材が会社の将来を左右する。
企業が必要とする学生の人間力を見抜く新たな採用方法が「セミナー方式」だ。
この1冊で価値ある新卒採用を約束する。
ほとんどの企業が成長時代のやり方を続けている新卒採用試験。
これからの時代を生き残るためには採用試験を根底から見直す必要がある。
それぞれの企業に合った人間力を見極めることのできる採用方法が
「セミナー方式」による採用試験だ。
優秀な学生を確保するため、今すぐできる具体的方法を一挙公開！

カナリアコミュニケーションズの書籍ご案内

2015 年 2 月 28 日発刊
価格　1200 円（税別）
ISBN978-4-7782-0294-1

ここまで言うか『経営者の人生を守る！！』本音の話 中小零細企業のための経営危機打開学　総論

菊岡　正博　著

800件を超える中小零細企業の会社再生を手掛けた著者が、
常識を覆す方法を駆使して危機を乗り切り、
経営者の人生を守る方法を伝授！

危機的な経営状況に陥ろうとも、経営者の人生と生活を守り、
関係する社会的弱者のために事業の継続を図る方法を紹介する。
常識を覆す経営危機打開策が満載。

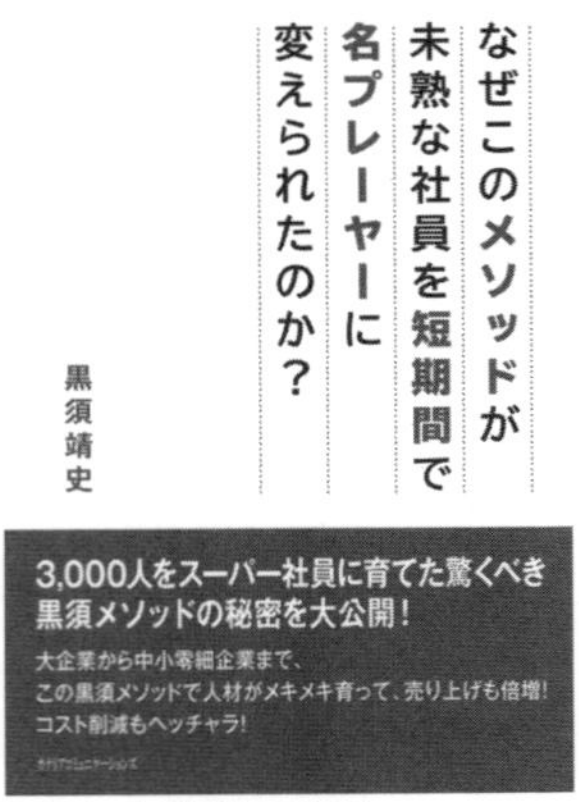

2015 年 5 月 25 日発刊
価格　1500 円（税別）
ISBN978-4-7782-0301-6

なぜこのメソッドが未熟な社員を短期間で名プレーヤーに変えられたのか？

黒須　靖史　著

3,000人をスーパー社員に育てた驚くべき黒須メソッドの秘密を大公開。
大企業から中小零細企業まで、この黒須メソッドで人材がメキメキ育って、
売り上げも倍増。